일 잘하는 사람은 1페이지로 생각합니다

시간은 줄여주고 효율은 높여주는
일잘러들의 1페이지 사고법

일 잘하는 사람은 1페이지로 생각합니다

미팅, 회의, 업무 보고와 아이디어 정리까지
언제든 활용할 수 있는 '한 장의 힘'

하세가와 신 지음
조사연 옮김

한스미디어

들어가며

일 잘하는 사람은
1페이지로 생각하고, 정리하고, 실행합니다

대학을 졸업한 후 처음으로 입사한 회사는 해상보험 관련 대기업이었다. 몇 년 뒤 그곳을 떠나 P&G(프록터&갬블)로 이직한 나는 마케팅 본부에서 첫 근무를 시작했다. P&G는 팸퍼스, 팬틴, 페브리즈, SK-Ⅱ 등의 브랜드로 유명한 글로벌 소비재 제조업체다.

그런데 입사하고 불과 몇 개월이 지나지 않아, 갑자기 여러 부서가 모여 신제품 발매나 신규 캠페인을 기획하는 프로젝트를 맡으라는 지시가 떨어졌다. 솔직히 당황스러웠다. 프로젝트 리더라니, 전 직장에서는 해보지 않았던 임무라 하나에서 열까지 모르는 것투성이였다.

전 직장에서는 젊은 신입 사원답게 무슨 일이든 열심히 했다. 그래서 회사를 옮겨도 문제 없으리라는, 지금 생각하면 터무니없는 자신감이 있었다. 하지만 그런 달콤한 자신감은 처참하리만치 갈기갈기 찢어졌다. 영업과 마케팅, 일본계 기업과 외국계 기업, 보험과 소비재 등 전 직장과 새 직장은 업무 내용에서부터 진행 방식과 필요한 기술까지 달라도 너무 달랐다.

끝없는 실패는 당연한 것이었다. 모든 걸 처음부터 다시 배웠다. 조금씩 업무 요령에 익숙해지면서 서서히 프로젝트 운영이 매끄러워졌고 성과도 나오기 시작했다. 나는 입사하고 2년 10개월 만에 브랜드 매니저 승진이라는 목표를 이뤘다. 모두가 놀랄 정도의 초고속 승진이었다.

P&G에는 10년간 재직했다. 그 후 라쿠텐(일본 굴지의 온라인 오픈 마켓-옮긴이)으로 자리를 옮겨 글로벌 마케팅 상급집행임원을 맡았고, 다음에는 페이스북재팬의 대표이사로 취임했다. 그리고 2019년에는 20대 무렵부터 꿈꾸던 창업을 행동으로 옮겨 MOOM-X라는 회사를 세웠다.

되돌아보면 P&G 시절은 나에게 혹독한 훈련의 시간이었다. 하지만 그 덕분에 내가 '비즈니스 전투력'이라 부르는 능력을 갖출 수 있었고, 이 능력은 이후 경력에도 큰 도움이 되었다.

이 비즈니스 전투력, 즉 '어디서든 비즈니스 성과를 올리는 데 필요한 힘'을 인수분해하면 크게 두 가지가 나온다. 한 가지는 깊이 생각하고 결정하는 힘, 또 하나는 적극적으로 사람들을 끌어들이는 힘이다. 결과는 이 두 가지를 곱한 값이다.

내가 이 두 가지 능력을 기를 수 있었던 이유는 다름 아닌 P&G에서 익힌 '1페이지 사고' 덕분이다. 이를 라쿠텐과 페이스북, MOON-X에서도 실천했다. 그리고 실천하는 데서 그치지 않고 나름 창의적인 방식으로 꾸준히 발전시킨 결과라고 확신한다.

P&G에는 제안서나 사내 메모를 단 한 장의 페이퍼 '1페이지'로 정리해서 그 메모를 보며 논의하는 문화가 있다. 이 방법을 쓰면 필요한 정보가 깔끔히 정리되어 질 높은 토의와 판단을 할 수 있다. 그리고 이러한 1페이지에는 여러 기능이 있다. 우선 종이 한 장으로 정리하고 준비하는 단계에서 자연스레 사고가 짜임새 있게 다듬어진다. 또 비즈니스 전체를 조망하면서 상황을 판단하게 된다. 내가 할 일은 무엇이고 결제자의 눈으로 보면 어떤 정보가 필요한지, 어떤 순서로 진행해야 할지 등 운영에 필요한 지혜를 짜내는 것이다. 이 모든 과정 1페이지가 쓰인다. 그야말로 비즈니스 전투력의 근간을 이루는 깊이 생각하고 결정하는 힘, 사람들을 적

극적으로 끌어들이는 힘과 직결된 것이 1페이지 사고였던 것이다.

만약 단순하면서도 강력한 1페이지 사고를 만나지 못했다면 지금의 나는 없을지도 모른다. 이후 나는 이런 생각을 했다. '일본에는 아주 작은 계기만 제공하면 나처럼 한 단계 극적인 도약을 이룰 수 있는 사람이 많지 않을까?' 자신과 잘 맞는 사고법이나 접근 방식만 찾으면, 더 큰 자신감을 가지고 더 큰 성과를 올릴 수 있는 사람이 있으리라는 확신이 들었다. 그리고 그런 사람들을 돕고 싶다는 생각이 계속 머릿속을 맴돌았다.

창업한 회사 MOON-X는 '브랜드 발사대'가 되자는 미션을 내걸고 있다. 겉으로 드러나진 않지만 내가 회사 안에서 외치고 있는 내부 목표도 있는데, 바로 '사람 발사대'도 되자는 것이다. 여기서 쌓은 다양한 경험을 토대로 사회를 이끌 수 있는 인재를 배출하는 회사로 키우고 싶다는 바람이 있다. 차세대 리더 육성은 내가 정한 라이프워크(평생 몰두해야 할 과업-옮긴이)이기도 해서 앞으로도 계속 힘을 쏟을 작정이다.(트위터나 미디어 플랫폼 note에서도 비즈니스 전투력 향상에 도움이 되는 요령과 실천 테크닉, 추천 도서 등을 발신 중이다. 관심 있는 분은 참고하시기 바란다. 트위터: @ShinHasegawa8/ note: @shinhasegawa8)

핵심을 찌르는 예리한 제안이 잘 떠오르지 않는다거나 회의 진행을 매끄럽게 못한다거나, 외부 비즈니스 상담에 자신이 없다든가 프로젝트 운영이 힘들다든가 상사와의 일대일 면담이 더 유익하기를 바란다는 등의 고민을 가진 사람이 많다. 실제로 나 역시 회사 생활을 하면서 이러한 문제들로 힘들었다.

나는 이 모든 과제를 1페이지 사고를 활용해 하나씩 해결하며 앞으로 나아갔다. 언뜻 커뮤니케이션 문제처럼 보이는 사안도 사실은 내가 충분히 생각하지 못했기 때문이었다고 깨달은 적도 꽤 많다. 1페이지 사고는 그야말로 내 커리어 형성의 주역이자 나아가 MOON-X 창업의 든든한 후원자이기도 하다. 이러한 메시지를 발신하던 중 1페이지 사고를 책으로 정리해 보면 어떻겠냐는 제안을 받았다.

만약 내가 20여 년간 배우고 발전시킨 내용이 다음 세대에게 자극이 되고 배움의 기회가 된다면, 그래서 많은 사람이 비즈니스 전투력을 가지고 성과를 올리고 그래서 유능한 인재가 계속 세상에 나온다면…. 그보다 더 매력적인 일은 없을 것 같았다.

이 책을 읽고 나면 1페이지를 만드는 것 자체는 누구나 간단히 할 수 있다. 그러나 이를 통해 정말 실질적인 성과를 올리고 싶다면, 매일 자신의 머리로 직접 생각하고 창의적으로 연구하는 과정이 꼭 필요하다. 이것이 습관이 되면 제안이나 미팅, 비즈니스 상담의 결과는 분명히 달라진다. 그리고 마침내 당신의 업무방식과 사고방식, 성과와 결과, 때에 따라서는 인생과 커리어 자체도 크게 바뀔 것이다.

이 책에는 내가 20년 동안 갈고 닦은 1페이지 작성법과 활용법이 담겨 있다. 꼭 많은 사람이 배워서 자신에게 맞는 최고의 방법을 찾는 시간이 되었으면 좋겠다.

하세가와 신

Contents

들어가며 일 잘하는 사람은
1페이지로 생각하고, 정리하고, 실행합니다 4

PART 1.
일 잘하는 사람으로 거듭나는
1페이지 사고란? 15

Chapter 1. 첫 이직 후 적응이 어려웠던 이유 17
Chapter 2. 1페이지 정리라는 큰 깨달음 21
Chapter 3. 1페이지 사고에 필요한 네 가지 항목 25
Chapter 4. 비즈니스의 모든 상황에 도움이 되는 1페이지 29
Chapter 5. 1페이지의 압도적인 이점은? 34
Chapter 6. 네 가지 항목을 채운다고 끝이 아니다 38
Chapter 7. 생각을 간결하게 다듬어 주는 1페이지 42
Chapter 8. 미팅 없이는 결정도 없다 46
Chapter 9. 내용이 너무 많으면 움직이지 않는다 50
Chapter 10. 1페이지, 이것만은 '절대 하지 말자' 54
Chapter 11. 형식이 무기가 되다 58

PART 2.

사람을 움직이는 1페이지의 구조 61

Chapter 1. 1페이지는 응원받기 위한 도구 63
Chapter 2. '무엇을 넣을까?'보다 '무엇을 뺄까?'가 중요 67
Chapter 3. 1페이지는 미리 보내지 않는다 70
Chapter 4. 회의보고서는 초고속으로 73
Chapter 5. 회의가 끝나도 계속 상황을 관리한다 76
Chapter 6. 마음에 여유를 주는 1페이지 79
Chapter 7. 회의력을 높이는 마법의 문구 82
Chapter 8. '551호라이 작전'으로 목적을 제시한다 85
Chapter 9. 시간 때우기식 미팅은 하지 않는다 89
Chapter 10. '배경'에서 논의의 방향을 정한다 92
Chapter 11. '토의 포인트'에 원리원칙도 넣는다 95
Chapter 12. '넥스트 스텝'에 꼭 필요한 3점 세트 99

PART 3.
오늘의 업무부터 인생 설계까지: 다양한 1페이지 활용법 103

Chapter 1. 6개 카테고리, 15개 사례로 살펴보는 바로 활용 가능한 1페이지 105
Chapter 2. 사내 미팅① 사내 사업 계획 제안 107
Chapter 3. 사내 미팅② 사내 조직 시책 제안 113
Chapter 4. 사내 미팅③ 정례 회의 의제 117
Chapter 5. 외부 미팅① 첫 책 출판 회의 122
Chapter 6. 외부 미팅② 파트너십 제안 127
Chapter 7. 외부 미팅③ 외부 전문가에 제작 의뢰 135
Chapter 8. 일대일 미팅① 상사와의 개인 정례 미팅 141
Chapter 9. 일대일 미팅② 해외 본사 경영진과의 첫 미팅 145
Chapter 10. 일대일 미팅③ 새로운 멤버를 위한 오리엔테이션 151
Chapter 11. 전략 정리① 새로 옮긴 자리에서의 비전 설명 155
Chapter 12. 전략 정리② 창업 계획 설명 160
Chapter 13. 배움의 축적① 3개월에 한 번 배움 정리하기 165
Chapter 14. 배움의 축적② 독후 배움 정리 169
Chapter 15. 인생·커리어① 멘토와의 커리어 상담 174
Chapter 16. 인생·커리어② 인생 계획 짜기 177

PART 4.

우선 손으로 쓰며 생각한다 187

Chapter 1. '손으로 쓰면서' 뼈대를 만든다 189

노트에 대강의 흐름을 짠다 189

손을 움직여야 만족스러운 결과물이 나온다 191

욕심이 과하지 않아야 행동하게 할 수 있다 193

내용이 뭔지, 상대가 누군지, 관계는 어떤지에 따라 1페이지도 달라진다 195

표·차트를 효과적으로 활용한다 197

일단 멈춰서 청중을 생각한다 198

Chapter 2. 컴퓨터로 1페이지를 만들 때의 규칙 201

한 줄로 정리하고 되도록 두 줄을 넘지 않는다. 201

어떻게 하면 보기 편할지 끝까지 궁리한다 203

필요하다면 상사용 1페이지도 만든다 207

Chapter 3. 실제 상황을 상상하며 작성한다 210

반드시 출력해서 체크한다 210

만약 상대도 1페이지를 준비해 왔다면? 211

마치며 1페이지와 함께 개척할 밝은 미래 213

PART 1.

일 잘하는 사람으로 거듭나는 1페이지 사고란?

CHAPTER 1

첫 이직 후 적응이 어려웠던 이유

1페이지 사고와 만난 계기는 25세에 도쿄해상을 그만두고 P&G로 이직하면서다. 첫 직장을 도쿄해상으로 선택한 이유는 그곳에서 일하는 사람들이 매력적이었다는 것과 거의 모든 업종과 거래하는 회사인 만큼 다양한 비즈니스 업무 능력을 익힐 수 있으리라는 기대 때문이었다. 또 사학창 시절에 동아리 활동을 열심히 했던 사원들의 활약이 입사 후에도 지속되는 점도 인상 깊었다. 나 역시 교토대학에서 핸드볼부 주장으로 활약했던 터라, 그들을 보며 도쿄해상에서의 내 모습이 자연스럽게 머릿속에 그려졌다는 점도 입사를 결심하는 데 크게 작용했다.

2000년에 입사해 일본 서쪽 지방인 간사이關西 지역 영업본부로 배치되었다. 내가 맡은 업무는 법인을 상대로 수출입이나 국내 운송, 해외 PL(제조물 책임) 관련 위험에 대비하는 손해 보험을 판매하는 것이었다. 고객의 비즈니스를 이해해 위험 요소를 정확히 파악하고 이에 기반해 최적의 보험과 위험 관리를 제안했다. 운 좋게 우수하고 배려심 많은 상사와 선배를 만났고 좋은 고객들과도 인연이 닿아서 업무에 불만은 없었다. 이때 배운 업무에 임하는 자세와 마음가짐은 지금도 밑바탕을 이루고 있다.

하지만 동시에 대학 시절 공부한 마케팅을 살려 비즈니스를 개척하는 일을 해보고 싶다는 바람도 점점 커졌다. 지금은 환경이 많이 달라졌겠지만, 당시 내가 느끼기에 손해보험은 비교적 안정된 업계였다.

대학 시절 스터디 모임을 지도해 주시던 교수님께 상담했더니 P&G에 있는 선배를 소개해 주셨다. 선배는 중도채용이 있다고 했다. 심지어 근무지는 고베였다. 당시 나는 효고현兵庫県에 살고 있었기에, P&G에 입사하면 계속 간사이에 머물면서 새로운 도전을 할 수 있었다. 주위의 반대가 있긴 했지만 기대감이 더 컸던 나는 이직을 결심했다. 대학 졸업 후 2년 반만이었다.

그런데 P&G에 입사하자마자 큰 충격을 받았다. 종이기저귀 브랜드 팸퍼스의 마케팅을 담당하는 어시스턴트 브랜드 매니저가 첫 직책이었는데, 전혀 업무를 쫓아갈 수 없었던 것이다. 반면 같은 해 대학을 졸업한 마케팅팀 동료는 능수능란하게 프로젝트를 이끌고 있었다. 상사나 동료들이 그녀를 얼마나 신뢰하는지가 한눈에 보였다. 반면 나는 할 수 있는 게 아무것도 없었다.

마케팅 담당자의 업무는 신규 캠페인이나 제품 시장 투입 등의 프로젝트를 위해 팀을 만들어 이끄는 것이었다. 그러려면 시장 데이터를 분석하고 소비자 이해를 강화하며, 각 부서의 의견을 수렴해 팀 전체 제안을 정리하는 능력이 필요했다. 또 그때마다 필요한 사내 승인을 받아 프로젝트를 진행시키면서 최종적으로는 제품을 시장에 투입하고 비즈니스를 성장시켜 브랜드를 구축해야 했다. 그러나 나에게는 정보를 정리하고 깊이 사고한 뒤 어떻게 하고 싶은지 구체적인 메시지를 발신하는 기술이 부족했을뿐더러 애당초 여러 사람과 한 팀을 이뤄 프로젝트를 진행해 본 적도 없었다.

게다가 프로젝트팀은 다양한 부서에서 모인 사람들로 구성된다. 마케팅에서는 내가 프로젝트 리더로 지명됐지만 영업과 연구개발, 제조 그리고 법무까지 다양한 부서에서도 합류한다. 심지어 각 팀원은 가지고 있는 지식과 경험은 물론 흥미, 관심사, 특기 영역도 다 제각각이다.

가령 영업부의 최대 관심사는 소매점이나 도매점의 니즈에 반응해 매장 공간을 확보하고 매출을 늘리는 일이다. 한편 연구개발은 기술적인 분석과 제품 테스트 결과를 반영해 경쟁력 있는 제품을 도입하는 일이 최우선일 것이다.

가진 정보도 다르다. 영업 쪽이 "내년 봄에 대기업 양판점이 취급 제품을 대폭 변경하는데, 특정 조건을 만족하지 않으면 제품을 받아주지 않는다."라는 정보를 갖고 있다면, 연구개발 쪽에서는 "이 특허 기한 만료가 내년 봄까지라서 기업마다 동일 기능을 탑재한 제품을 발매할 것이다."라는 정보를 들고 온다. 이렇게 각자의 정보가 다른데, 아무 생각 없이 마구잡이로 프로젝트를 진행했다가는 큰 혼란만 초래할 뿐이다. 논의의 접점을 찾기도 힘들다.

그래서 P&G에서는 최종적으로 가장 중시해야 할 '소비자'를 제일 잘 이해하고 있는 마케팅 부서 직원이 프로젝트를 이끄는 경우가 많았다. 그런데 아직 경험도 없고 뚜렷한 견해와 소신도 없는 내가 팀을 이끌 수 있을 리 만무했다. 마음먹은 대로 일이 풀리지 않아 골머리를 앓는 나날이 이어졌다.

지금 생각하면 그 정도로 어려운 프로젝트는 아니었지만, 당시의 나에게는 감당하기 벅찬 일이었다. 경험이 풍부한 베테랑 팀원도 있었는데, 나 때문에 프로젝트가 삐걱거린 탓에 피해를 보기도 했다. 당연히 질책도 받았다. 그리고 이런 일이 계속되다 보니 미팅이나 프로젝트를 이끌기가 점점 두려워졌다.

CHAPTER 2

1페이지 정리라는 큰 깨달음

프로젝트가 잘 굴러가지 않고 미팅 진행도 삐걱거리는 등 온갖 어려움에 허덕이던 어느 날 문득 큰 깨달음을 얻게 됐다. 입사하고 반년쯤 지났을 때였는데, 어떻게든 미팅을 잘 진행하고 싶은 마음에 고육지책으로 말할 내용을 종이에 항목별로 세네 줄 정도로 정리한 뒤 출력해서 가지고 갔다. 그랬더니 미팅이 이전과 달리 조금 편안하게 진행되는 게 아닌가?

애당초 나는 무언가를 일목요연하게 정리해 종이에 적는 사람이 아니었다. 그런데 말할 내용을 종이에 적어가니 다소나마 논의가 수월해지는 경험을 하면서, 한 가지 사실이 점점 보이기 시작했다. 토론을 하면서 합의가 잘 되지 않을 때는 대개 패턴이 있다는 사실이다.

예를 들면 팀원 각자가 생각하는 프로젝트의 목적이 일치하지 않을 때, 또는 각 팀원이 갖고 있는 정보가 균일하지 않을 때다. 앞서 예로 든 영업부의 우선순위(소매·도매점의 니즈에 반응)와 연구개발부의 우선순위(경쟁력 있는 제품 도입)의 차이가 바로 이런 경우다. 정보도 마찬가지다. 그런데 여기서 중요한 것은 누구도 틀리지 않았다는 점이다. 단, 팀 전체의 눈높이가 맞지 않는다는 프로젝트 진행상의 문제는 있다.

영업은 자신들이 보유한 정보를 근거로, 연구개발은 자신들이 분석한 결과를 근거로 각자 무엇을 해야 할지 결정한다면 당연히 결론은 다를 수밖에 없다.

하지만 이러한 정보를 참가자끼리 공유하면 대기업에서 제품 취급 시 가장 중요하게 생각하는 게 무엇인지 고려하지 않는 한, 애당초 점포에서 제품을 받아주지 않을 수도 있다는 사실이 보이게 된다(조금 극단적인 예이긴 하지만 말이다). 경쟁력 있는 제품을 아무리 열심히 만들어 봐야 매장에 진열되지 않으면 소비자가 제품을 발견해 구매하고, 제품의 탁월함을 맛보게 할 기회조차 얻지 못할 것이다.

따라서 각자가 보유한 정보를 모두와 공유한다. 그 다음 무엇을 할지, 그 후에는 무엇을 할지 맞춰 나가야 함을 깨닫게 됐다. 만약 정보 공유 없이 각자의 정보에만 의지해 자기 의견만 주장하면 아무리 결론을 내려고 해도 잘 되지 않는다.

요컨대 어떤 식으로 목적과 정보를 통일할지, 눈높이를 맞춰 나갈지가 중요하다는 얘기다. 미팅에서 이를 제대로 실현되도록 도와줄 도구가 있다면 프로젝트는 훨씬 잘 돌아간다. 이러한 사실을 점차 깨닫게 된 것이다.

이때 참고한 것이 P&G의 사내 메모를 1페이지로 정리하는 습관이었다. 예를 들어 P&G에서는 신규 캠페인을 기획할 때 제안 내용을 1페이지로 정리해서 상사에게 승인을 받는다.

그런데 이 작업이 생각보다 쉽지 않다. P&G 출신자라면 누구나 경험했을 텐데, 처음에는 상사가 가차 없이 첨삭을 가한다. 빼곡히 적힌 상사의 빨간색 코멘트로 1페이지가 새빨개진다. 글쓰기에 익숙하지도 않고 정보를 어떻게 정리해야 하는지도 모르니 당연하다. 행여 제시한 근거가 모호하기라도 하면 바로 날아가 버린다. 이러한 과정을 수 차례 거쳐 드디어 최종 마무리되면, 맨 처음 제출한 제안서는 그 흔적조차 찾을 수 없다. 이런 일이 비일비재했다. 그러나 이러한 첨삭 과정이 있었기에 혼자 힘으로 더 많이 생각하려 애썼고, 그 결과 제안의 질도 점점 좋아졌다.

그때를 되돌아보며 드는 생각은 1페이지 덕분에 사고하는 힘이 많이 단련됐다는 것이다. P&G에서 1페이지에 적은 것은 생각을 정리하는 과정이었다. 처음부터 능숙하게 해낼 수 있는 일은 아니었지만, 1페이지 정리가 가진 장점은 확실히 피부로 느꼈다.

그래서 나는 사내 메모를 1페이지로 정리하는 P&G의 습관을 나만의 스타일로 재구성해 보기로 했다. 논의 내용을 1페이지로 정리한 자료를 만들어서 미팅에 사용하면 여러 부서에서 모인 팀원들의 눈높이가 같아져서 건설적인 논의가 이루어지지 않을까? 또 "나는 이렇게 하고 싶다."라는 메시지를 명확하게 전달하고, 타 부서 팀원들의 적극적인 참여를 효과적으로 이끌어내며 프로젝트를 추진할 수 있지 않을까? 결과적으로 이후 나는 여러 부서의 베테랑이 출석하는 미팅도 전혀 두려워하지 않게 되었다.

그리고 1페이지에는 범용성이 있다는 사실도 발견했다. 사내 미팅뿐 아니라 외부 비즈니스 상담, 상사와 부하 직원의 일대일 미팅, 팀원과의 주간 정례 회의와 배움 공유 심지어는 인생과 커리어를 설계하고 계획할 때도 나는 1페이지를 사용했다.

창업하면서 지금의 공동 창업자에게 MOON-X의 사업 아이디어를 설명한다거나 타사에 파트너십을 제안할 때, 신뢰하는 멘토와 상담할 때 그리고 훌륭한 브랜드의 오너와 M&A 토론을 할 때도 1페이지는 늘 나와 함께였다.

CHAPTER 3

1페이지 사고에 필요한 네 가지 항목

내가 사용 중인 1페이지는 포맷이 80퍼센트는 정해져 있다. 가령 미팅용 1페이지라면 주로 네 가지 항목이 필요하다.

① **회의 목적은 무엇인가?**(이 시간에 무엇을 달성하면 성공인가)

② **배경은 어떠한가?**(숙지해 두면 좋은 논의의 기본 정보)

③ **토의 포인트는 무엇인가?**(논의해서 합의해야 할 주요 포인트)

④ **넥스트 스텝은 무엇인가?**(누가 언제까지 무엇을 해야 하는가? 말하자면 진행 순서)

앞에서도 잠깐 언급했지만, 논의가 자꾸 삐걱거린다면 모두가 생각하는 목적이 서로 다르거나, 각자가 배경으로 가지고 있는 정보가 균일하지 않거나 거의 이 두 가지 때문이다.

따라서 토의에 들어가기 전에 목적을 명확히 하고, 배경 정보를 고르게 나누는 작업은 매우 중요하다. 먼저 목적을 공유해서 의식이 통일되면 팀원 전체가 논의의 기본 정보를 배경으로 공유한다. 만약 내가 가진 정보가 부족하다면 팀원에게 질문해 정보 불균형을 없앤 후 토의 단계로 들어간다(듣고 싶은 정보나 영역, 누구에게 듣고 싶은지도 미리 적어 두면 흐름이 매끄럽다.).

토의 포인트는 자신이 어떻게 하고 싶은지 제안하는 부분인데, 개인적인 희망 사항만 적지 않고 논의의 폭을 넓히고 질을 높이기 위해서라도 어떤 선택지가 있고 각 선택지의 장단점은 무엇인지까지 정리해서 기재하는 경우가 많다.

이 네 가지 항목은 회사 안에서 미팅을 하든 외부 사람을 만나든 거의 바뀔 일이 없다. 중요한 것은 네 가지 항목이 1페이지에 모두 정확히 들어 있느냐다. 미팅 때 사용한 1페이지의 사례를 들어 설명하겠다.

이 예시는 이 책의 출판을 놓고 편집자와 첫 미팅을 했을 때 사용한 1페이지를 바탕으로 작성한 것이다. 정보를 조금 가공하긴 했지만, 1페이지에 필요한 네 가지 항목이 무엇인지 한눈에 보기

2022년 1월 26일

첫 책 출간: 킥오프 미팅

출간을 권유해 주셔서 감사합니다. 킥오프 미팅 잘 부탁드립니다!

① 미팅의 목적

- (공유)내 라이프워크에 관한 배경·생각 설명
- (토의)출간 테마 관련 토론
- (확인)출간 작업 진행 시의 향후 절차 확인

② (공유) 하세가와의 배경·생각

- 페이스북재팬 대표 퇴임 후 2019년에 MOON-X를 창업해 스타트업 경영 중
- 한편 '차세대 리더 육성'을 라이프워크로 정하고 활동 중
- 이유는 커리어 인생 20년 동안, 좌절과 성공을 거듭하며 얻은 지견을 다른 이에게도 전수해 도움을 주고 싶기 때문에
- 특히 성장 여지가 큰 젊은 기업인이나 직장인에게 자극을 줘서 글로벌 리더로 키우고 싶다.

  〈특별히 전하고 싶은 내용〉
  - 시좌(視座)를 높일 것(글로벌 포함)
  - 스스로 생각하는 힘과 주위 사람을 끌어들이는 힘을 끊임없이 연마할 것
  - 직접 경력 관리를 해서, 이때다! 싶을 때 변화에 뛰어들 것
- 현재의 구체적인 활동은, 트위터나 note를 통한 꾸준한 메시지 발신과 이벤트 강연 등
- 더 많은 이에게 자극을 주고 싶기에 서적화도 적극적으로 검토할 생각이다.

③ (토의) 출간 테마 후보

- 강연 등에서 말하고 있는 내용 중 서적화 테마가 될 만한 주제는 다음과 같다.

영역	주제안	설명·아이디어·키워드
비즈니스 기술	비즈니스 전투력	스스로 깊이 생각하는 힘×타인에게 전달하는 힘=비즈니스 전투력
	프레젠테이션	화려한 슬라이드보다 사람을 움직이는 만드는 심플한 프레젠테이션, 준비야말로 생명
	1페이지 사고	자신의 생각을 정리한다. 사람을 끌어들여 움직이게 만든다. 어떤 상황에서도 사용 가능한 필승 '포맷'
경력 인생	인생=프로젝트	P&G에서 배운 프로젝트 매니지먼트 수법을 인생에도 응용, 인생 노트에 사고 축적
	변화를 통한 성장	7+3 CHANGES(TEDx 영상 있음), 경험한 변화+글로벌 트렌드
	스포츠를 통한 배움	리더에게 필요한 것(이기고 싶은 마음만으로는 안 됨), 실패를 통해 배움

★(상담) 위에 제시한 내용 외에 독자의 흥미를 끌 만한 테마가 있다면 솔직한 의견 부탁드립니다.

(확인) 넥스트 스텝

- 1월 말 킥오프(오늘)
- 2월 서적화 테마 결정
- 3월 집필 시작
- 가을 발매

★(질문) 현실성 있는 출판 스케줄인가요? 중요한데 빠진 단계는 없을까요?

하세가와 신

※위 예시는 가공한 내용이다※

에 좋은 예시라고 생각한다.(자세한 내용은 129쪽 이후에 설명하겠다.)

맨 처음은 제목이다. 무엇을 위한 미팅인지를 기입한다. 이때는 책 출간 작업에 관해 이야기하는 킥오프(첫 번째) 미팅이었다.

첫 번째 항목은 ①미팅의 목적이다. 무슨 목적으로 이 회의를 하는지 분명히 밝힌다. 미팅 그 자체의 목적이다.

다음은 ②배경 공유다. 서적화를 진행하는 데 있어 공유해 두어야 할 정보를 적는다.

③토의 포인트. 여기서는 생각할 수 있는 선택지를 제시하고 토론하면서 어떤 방향으로 나아갈지 조정한다.

그리고 마지막으로 잊어서는 안 되는 단계가 ④넥스트 스텝이다. 앞으로 어떻게 움직일지, 언제까지 무엇을 할지 일정을 적는다.

많은 사업자나 직장인들이 나에게 "회의 진행이 매끄럽지 않다." "쓸데없는 회의란 말 을 들었다." "회의가 맨날 똑같다." "결론이 나질 않는다." 등의 고민을 털어놓는다.

그러나 1페이지를 미리 만들어 미팅 때 나누어주고 잘 활용하면 회의 진행이 크게 변한다. 무엇보다 1페이지의 위력은, 미팅 때마다 헤매기 일쑤던 내가 P&G, 라쿠텐, 페이스북, MOON-X 등 업계는 물론이고 회사와 업무까지 바뀌는 상황 속에서 1페이지의 위력을 변함없이 실감하고 있다.

CHAPTER 4

비즈니스의 모든 상황에 도움이 되는 1페이지

프로젝트 리더로서 1페이지를 미팅에서 사용하게 되면서 나는 점점 깊이 생각한 후에 결정하고, 효과적으로 사람을 끌어들여 행동하게 만드는 리더로 변해갔다. 그러자 프로젝트 운영을 위한 미팅 말고도 여러 상황에서 다양하게 1페이지를 사용하면 좋겠다는 생각이 들었다.

실제로 나중에 브랜드 매니저가 되고 나서도 다양한 상황에서 1페이지를 사용했다. 예를 들면 매주 부하 직원과 하는 팀 미팅에도 1페이지를 들고 갔다. 덕분에 그날 이야기해야 하는 주제부터 다음에 해야 할 업무까지, 비즈니스나 조직과 관련된 이야기를 빠짐없이 전달할 수 있었다.

담당 브랜드의 연간 계획이나 예산 제안·결정 등 일 년에 한 번 하는 중요한 회의 때도 1페이지를 작성해 그걸 보면서 재정팀이나 경영진과 토론했다.

오늘 무슨 이야기를 하고 싶은지, 배경으로 알아둬야 할 내용과 제안·토론하고 싶은 사안은 무엇인지, 최종 단계까지 어떤 순서로 진행할지 등을 1페이지 안에 모두 담았다. 그래서 광범위하고 모호해 보이는 전략적인 큰 테마부터 평소대로 하면 심도 있게 토의하기 힘든 어려운 연간 예산 접근법까지, 어떤 회의에서든 필요한 정보를 넘치거나 모자람 없이 전달하고 주장하며 타협점을 찾아갈 수 있었다.

광고대행사에 TV 광고나 포장 디자인 같은 창의적인 제작물을 주문할 때도 전달 사항을 구두로만 전하지 않고 1페이지를 사용해 소통했다. 의뢰하는 요건을 언어로 정리해 정확하게 전할 수 있어 크게 도움이 됐다. 이때의 1페이지를 보통 '크리에이티브 브리프Creative Brief'(광고 기획자가 제작 담당팀에게 어떤 식으로 광고를 만들어 달라고 적는 주문서-옮긴이)라 부르는데, 브리프의 질에 따라 완성되는 제작물의 수준이 결정된다. 따라서 매우 신중하게 준비해야 했다.

이 밖에도 법적인 견해를 동원해 대응을 모색해야 하는 심각한 토론에서도, 담당 브랜드의 시장 점유율을 업계 1위로 만들기 위해 어떤 사업 계획이 필요한지 의논하는 자리에서도 사용했다.

제3장에서 구체적으로 소개하겠지만, 조직을 둘러싼 토론과 일대일 미팅, 리더로서 조직의 비전과 전략을 전달하는 자리 등에서도 1페이지는 빠지지 않았다. 이를테면 팀 전체가 참가한 워크숍에서 무엇을 배우고, 그 배움에 기초해 구체적으로 무엇을, 언제까지 해야 하는지도 1페이지로 정리하곤 했다. 또 향후 팀원들이 어떤 연수 프로그램을 받으면 유익할지 1페이지로 만들어서 토론하기도 한다. 이처럼 팀 내 토의에도 활용했다.

조직 구조 자체를 바꾸는 대규모 프로젝트에서도 1페이지는 유용하다. 현재 어떤 구조로 사업이나 신제품 프로세스가 돌아가고 있는지 중요한 정보들을 정리하고 이를 참고해 다음 단계에서 무엇을 할지 제안하는 내용도 1페이지로 정리하면 간단하다.

새로 들어온 팀원에게 전달 사항을 전하는 첫 미팅 때도 1페이지를 활용한다. 그러면 팀에 대한 전반적인 정보와 업무 내용, 후속 단계 등 폭넓은 내용을 다루면서도 딱 1시간 안에 끝낼 수 있어 매우 편리하다.

일대일 미팅 때도 1페이지는 빠질 수 없다. 상사와의 일대일 미팅은 시간이 정해져 있으므로 어떤 화제에 얼마나 시간을 쓸지 스스로 조절할 필요가 있다. 이럴 때도 1페이지를 보면서 시간을 배분하면 말할 내용을 빠뜨리지 않고 모두 전달할 수 있다. 페이스북재팬 대표 시절, 상사가 아시아 지역 총괄장이라서 매주 일대일 미팅을 진행했다. 일본 비즈니스나 조직 관련 내용은 물론 현재 진행 중인 사안이든 중장기 사안이든, 또 가벼운 상담이든 합의점을 찾아야 하는 진지한 상담이든 1페이지가 있어서 늘 정확히 30분 안에 마칠 수 있었다.

상사와의 미팅은 상사가 아닌 나를 위한 시간이다. 내가 원하는 것을 얻는 시간이다. 이때도 사전에 1페이지로 정리해서 참석하면 매우 효과적이다.

회사 대표로 있을 때는 직속 부하 직원에 해당하는 집행 임원이나 부장과 반년에 한 번 피드백하는 시간을 가졌다. 이때도 1페이지는 큰 도움이 됐다. 한꺼번에 많은 내용을 말해봤자 효과적으로 전달되지 않는다. 그러므로 더 좋은 리더가 되는 데 필요한 테마 한 가지를 뽑아서 반년마다 부하 직원과 공유하기로 스스로 규칙을 정했다.

외부 비즈니스 상담에도 1페이지는 언제나 준비해서 가지고 갔다. MOON-X에서는 전국 곳곳의 제조자와 파트너십을 맺고 그 파트너십에 기반해 제품을 만들고 있는데, 제조자에게 새로운 기획을 제안할 때도 필수적이다.

이 밖에도 경영 선배나 멘토와의 상담 자리에서 무슨 이야기를 나눠야 할지 정리할 목적으로 만들기도 했고, M&A 제안 때도 1페이지를 사용했다. 1페이지는 내 비즈니스의 거의 모든 순간에 도움을 줬다고 해도 과언이 아니다.

CHAPTER 5

1페이지의 압도적인 이점은?

미팅 혹은 일대일 상담이나 비즈니스 상담을 할 때 1페이지가 있고 없고의 차이는 생각보다 크다.

1페이지가 있으면 서로의 공통 인식이 깊어진다. 팀원이나 미팅 상대와 토의를 위한 눈높이가 같아져 토론이 수월해진다. 의견도 더 쉽게 수렴할 수 있다.

예를 들어 P&G에서 프로젝트를 추진할 때는 영업, 연구개발, 제조, 법무 등 다양한 부서에서 팀원이 모였다. 이럴 때도 프로젝트 리더인 내가 어떤 정보를 기반으로 어떻게 생각하고, 어떻게 하고 싶은지 분명히 전할 수 있었다. 게다가 각자가 가진 정보를 공유해 눈높이를 맞추는 덕분에 논점이 어긋날 일도 없다.

내 의견이 옳은지 그른지는 차치하고, 적어도 팀 전체가 같은 의식을 공유한 상태에서 "이렇게 하고 싶다."라는 리더의 제안을 중심으로 논의가 진행되기 때문에, "그렇다면 이런 선택지도 있다." "영업적으로는 이러이러한 관점을 가지고 이렇게 하고 싶다." 등과 같은 건설적인 의견이 오가게 된다.

아울러 한 장 안에 넥스트 스텝까지 있으니, 추후 일정도 염두에 둔 채 논의가 가능해졌다. 더 구체적으로는 시간적 제약과 부담까지 공유하는 현실적인 토론이 이루어졌다. 그도 그럴 것이 다음 주에 사장님에게 보고할 예정이라는 메모가 있다면, 모두가 "다음 주라고? 큰일 났네!" 하고 생각한다. 이 미팅에서 못 정하면 안 된다는 긴장감을 다 같이 공유하는 셈이다.

특히 시간이 촉박할 때는 미팅 시작과 동시에 일정을 확인했다. 그러면 느끼는 위기감이 다 비슷해져서 오늘 안에 반드시 정해야 한다는 마음으로 초집중해서 토론에 참여한다.

1페이지를 만들기 시작하면서부터 논의가 건설적으로 진행됐다. 완벽하지는 않아도 최소한 팀 전체의 동의를 얻은 공통 의견을 도출할 수 있었다. 그리고 마침내 '하세가와가 주관하는 미팅은 정해진 시간 안에 건설적인 논의를 하고 프로젝트도 진행 속도도 빠르'다는 기분 좋은 평가를 자주 받게 됐다. 입사 당시 프로젝트를 이끄는 능력이 부족해서 미팅 공포증마저 있었던 시절의 나와 비교하면 하늘과 땅 차이다.

퇴사 후에도 내가 만든 미팅용 1페이지 양식은 부하 직원에게 그리고 또 P&G 사원들 사이에 전해진 듯하다. 페이스북 시절 한 미팅에서 P&G 출신 사원을 만났는데, 그가 내 포맷과 똑같이 생긴 1페이지를 들고 와서 알게 된 것이다. 그와는 P&G에서 근무한 기간이 겹치지 않았던 터라 깜짝 놀랐다. P&G에서 미팅 시 1페이지 사용은 의무 사항이 아니었다. "이 1페이지 유용하네!"라고 느끼는 사람이 많아지면서 자연스럽게 직원들 사이에 퍼진 것이라면, 정말 기쁜 일이 아닐 수 없다. 이 책을 통해 더 많은 사람이 활용했으면 하는 바람이다.

1페이지의 또 다른 매력은 '간단명료함'이다. 전하려는 내용이 한 장에 간결하게 정리돼 있어서 한눈에 쏙 들어온다.

사람은 기본적으로 모르는 일에 관해서는 부정적인 감정을 품게 마련이다. 그러나 "이러한 이야기를 하려고 합니다." "이러한 것을 생각 중입니다." "이런 느낌으로 진행하고자 합니다."라고 명확하게 알리면 논의에 대한 불안감이 해소된다. 그러면 상대도 안심하고 참여할 수 있다.

팀원이든 다른 상대에게든, 그 자리를 위해 다방면으로 생각하고 준비한 수고는 틀림없이 전해지기 마련이다. 예의를 갖추고

대하려는 자세 자체가 상대에게는 긍정적으로 비친다.

또 1페이지를 작성하면서 새롭게 발견한 사실이 있는데, 시간 배분에도 유용하다는 점이다. 1페이지를 가지고 가면 정해진 시간 안에 모든 공유·토의 사항을 균형 있게 다룰 수 있었다.

1페이지에서 각 항목이 차지하는 지면 크기는 실제로 그 항목을 토론하는 데 할애하고 싶은 시간에 거의 비례하도록 했다. 이를테면 전체가 1시간짜리 미팅인데, 지면의 4분의 1을 차지하는 항목이 있다면 15분 정도 토론하겠다는 뜻이다. 1페이지에서 차지하는 지면의 넓이만 보고도 시각적, 직감적으로 시간 배분 정도를 가늠할 수 있도록 구성한 셈이다.

이런 의미에서 1페이지는 시간당 아웃풋을 최대화할 수 있는 도구라고 생각한다. 내가 멘토와 일대일 미팅을 할 때도 1페이지를 지참하는 이유는 힘들게 내준 귀중한 시간 안에 최대 가치를 뽑고 싶기 때문이다.

CHAPTER 6

네 가지 항목을 채운다고 끝이 아니다

지금까지 1페이지의 장점을 설명했는데, 주의할 점도 있다. 1페이지는 한 장이라서 제대로 만들기가 생각만큼 간단하지 않다는 사실이다. 일반적으로도 간단해 보이는 일일수록 힘든 법이다. 1페이지 역시 간단한 만큼 의외로 깊이가 있다.

네 항목을 그냥 채우기만 하면 끝일 것 같지만, 전혀 그렇지 않다. 각 항목과 전체 흐름을 깊이 생각하고 상상력을 동원해 어떻게 하고 싶은지 결정하며 써야 한다. 무엇보다 쓸 수 있는 공간이 1페이지밖에 없다. 이런 제약 속에서 어떻게 하면 최고의 커뮤니케이션이 가능할지, 심사숙고하지 않으면 만들기 어렵다.

실제로 P&G에서 1페이지를 만들기 시작했을 무렵에는 중요한 미팅을 위해 완성도 높은 1페이지를 준비하고 싶어서 3시간 이상 투자한 적도 있다. 작성법도 정보 정리 방법도 몰랐기 때문이다. 하면 할수록 걸리는 시간이 줄고 내용의 질도 좋아지긴 했지만, 여전히 중요한 회의에 쓸 1페이지는 1시간 정도 걸린다. M&A 교섭처럼 난도가 높아지면 2시간이 걸리기도 한다.

실제 미팅 시간보다 준비 시간이 더 길다는 데 위화감을 느끼는 사람도 있을지 모르겠다. 그러나 반대로 말하면 이토록 오랫동안 깊이 생각해서 썼다는 데에 큰 가치가 있는 것이다. 그래야 압도적인 차별화로도 이어진다고 생각한다. 1페이지에 담아야 하니 결과적으로 모호함도 제거할 수 있다.

여러 가지 정보를 모으고 정리하고, 심사숙고하다 보면 내용에 대한 이해가 더 깊어진다. 또 선택지가 많거나 불확실성이 큰 상황에서도 내가 정말 하고 싶은 일이 무엇인지에 대해 끝까지 고민하고 생각하게 된다.

내가 특히 집중하는 점은 상대방을 자세히 상상하는 것이다. 내가 말하고 싶은 내용만 말하고 끝나는 것이 아니라 상대가 어떻게 느끼는지, 어떻게 생각하는지, 그리고 토론 중에 어떤 반응을 보일지 철저히 상상하면서 1페이지를 만든다. 이것을 나는 '진짜 실제 상황처럼 상대를 상상'한다고 표현한다.

P&G에서는 '청중분석Audience Analysis'이라는 단어를 사용했다. 읽는 사람이 누구인가? 누구를 이해시킬 것인가? 누구의 승인을 받을 것인가? 대상이 되는 청중을 자세히 분석해서 거기서부터 쓰기 시작하라는 의미다.

1페이지를 작성하기 위해서는 창의적으로 생각하고 궁리하는 과정이 필요하다. 말하고 싶은 내용만 나열한다고 술술 풀리지 않는다. 상대를 상상하며 어디에서 어떤 반응을 보일지까지 자세히 생각하며 만든다.

실제 상황처럼 상대를 상상하며 1페이지를 작성하면 어떻게 될까? 신기하게도 미팅이나 비즈니스 상담 때 상대방이 할 법한 질문이 또렷이 떠오른다. 이러한 질문은 이런 지점에서 나올 것 같다는 생각이 들면, 그 정보를 1페이지 안에 꼭 적는다. 또 내 쪽에서 '이런 질문은 해 둬야겠다'는 게 있을 때도 미리 빨간색이나 파란색 등으로 글자색을 달리해서 입력한다.

앞에서도 다뤘듯이 사람은 자신이 모르는 내용에 관해서는 기본적으로 부정적이다. 1페이지도 없이 갑자기 미팅을 시작해서, 그 자리에서 바로 대답하기 곤란한 질문을 상대에게 갑자기 던지고선 상대가 즉시 건설적인 답변을 하리라고 기대하는 건 위험한 도박이다. 사람들은 보통 이런 상황에서 '왜 저런 질문에 대답해야 하지?'라고 부정적인 반응을 보이거나 일부러 다른 이야기를 꺼내서 대답을 회피하는 경우가 많다.

그렇지 않고, 토론 서두에서 1페이지를 건네받고 잠깐 훑어봤는데 빨간 글씨로 자신에게 하는 질문이 적혀 있다면 먼저 대답을 생각하며 준비할 수 있을 테다. 그리고 막상 질문을 받았을 때도 버벅거리지 않고 건설적인 의견을 내놓게 된다. 이는 참가자에 대한 일종의 배려이고 신뢰 구축에도 도움이 된다.

경험상 예상 질문은 '이렇게까지 생각해 주고 있구나'라는 긍정적인 평가로 이어지는 일이 많다. 사실, 상대를 자세히 상상하지 않으면 예상 질문 따위는 떠오르지도 않기 때문이다.

결과적으로 1페이지 작성은 작성자 본인의 시야를 넓혀 준다. 내 눈높이에서만 사물을 생각하지 않도록 돕는다. 항상 타인을, 커뮤니케이션 상대를, 팀을 염두에 두고 생각하게 된다. 일을 잘 하고 싶은 사람에게는 반드시 필요한 습관이다.

CHAPTER 7

생각을 간결하게 다듬어 주는 1페이지

P&G에서 1페이지를 처음 만들어 쓸 때는 내가 말할 내용을 항목별 세네 줄로 기록한 게 다였다. 이것을 종이 한 장에 출력해서 미팅 시작할 때 나눠주기만 하는, 그야말로 단순 그 자체였다.

그 후 미팅용 1페이지는 점점 진화를 거듭했다. 진화 포인트 중 하나가 내가 말하고 싶은 내용뿐 아니라 모두에게 듣고 싶은 것, 더 파고들기 원하는 것을 의도적으로 넣었다는 점이다.

팀원들 모습을 상상하자, '저 사람에게는 이런 이야기를 듣고 싶어' '저 사람에게는 이런 질문을 해야지' 등의 생각이 꼬리에 꼬리를 물고 떠올랐다.

내가 말하고 싶은 내용만 적지 않고 반드시 빈 공간을 만들어 상대와 상호작용을 할 수 있게끔 한다. 여기까지 생각해서 만들다 보니 1페이지 자체도 이러한 내용을 담을 수 있는 형태로 서서히 바뀌기 시작했다.

그러다 "역시 1페이지는 쓸 만해!"라고 새삼스레 느낀 일이 있다. 반복적인 전략에 사용했을 때다. 예를 들면 사업이나 조직의 연간 계획, 또는 내년도 전략 등 매년 반드시 검토하고 토의하는 사안을 다룰 때 1페이지는 매우 유용하다.

원만하게 진행 중인 전략은 유지하거나 더 속도를 낸다. 반대로 진전이 더딘 전략은 중지하거나 수정한다. 매우 단순한 사고방식이지만 놀라울 정도로 실천적이고 강력한 접근법이다. 이러한 사고방식이 필요한 논의를 할 때 1페이지는 큰 위력을 발휘한다. 왜냐면 사고의 단계나 흐름을 간단하고 명료하게 보여주기 때문이다.

어떤 전략이 순조롭게 진행되고 어떤 전략이 삐걱거리는지, 여기서 얻은 교훈은 내년 계획에 어떻게 반영할 있는지 1페이지로 정리하면 이러한 관계가 훤히 보인다. "올해 결과는 이렇습니다." "이를 바탕으로 내년 목표는 이렇게 세웠습니다."처럼 목표 설정을 둘러싼 고찰도 종이 한 장 안에서는 감출 수 없다. 일관성 있게 말할 수밖에 없게 되는 것이다.

그런데 같은 내용을 파워포인트로 설명하면, "올해는 이런 느낌이었습니다." "이렇게 순조롭게 진행됐습니다/순조롭지 않았습니다." "내년에는 이렇게 하려고 합니다/이렇게 바꾸겠습니다."라며 슬라이드만 착착 넘어갈 뿐이다. "자, 다음 슬라이드"라고 말하는 순간 앞 슬라이드의 자세한 내용은 잊힌다. 이것이 파워포인트의 특징 중 하나다. 쉴 틈을 주지 않고 다음으로 넘어가서 말하면 잘 모르는 부분은 어물쩍 넘어갈 수도 있다.

그러나 본래는 정보를 정연히 정리하고, 이에 기초한 계획을 짜서 앞으로 나아가야 한다. 과거에 대한 평가와 미래 과제 사이에는 일관성이 있어야 한다. 이것을 잘 연결해서 생각을 정리하려면 종이 한 장에 담는 편이 압도적으로 유리하다.

게다가 1페이지는 공간적 제약이 있어서 중요 포인트에 초점을 맞출 수밖에 없다. 한 장 안에 '평가' '내년도 목표' '향후 전략' '향후 진행 방식'까지 넣어야 하니 각 항목에 사용할 수 있는 공간은 필연적으로 정해져 있다.

평가만 많이 적어도 안 된다. 그러니 중요 포인트에 집중할 수밖에 없다. 생각을 더 응축시킬 필요가 있는 셈이다. 반대로 읽는 쪽은 새로운 계획에 과거의 교훈이 어떻게 반영되었는지 한눈에 보여서 알기 쉬울 것이다.

기본적으로 사장이나 부장 등 의사결정자는 바쁜 사람들이다. 획 보고 "음, 괜찮군."이라고 말한다면 분명 상사도 맘에 들었다는 얘기다. 그런데 바쁜 상사를 붙잡고 몇십 장이나 되는 슬라이드를 넘기면서 장시간 동안 프레젠테이션을 한다면, 그는 과연 어떤 반응을 보일까?

비즈니스 상담이라면 상황은 더 심각하다. 언제 결론이 나올지도 모르는데 슬라이드 장수만 어마어마하게 많은 파워포인트 자료를 만들어 제안하는 경우가 많다. 그러나 듣는 쪽에서는 대다수가 힘들어하는 일이다.

거듭 강조하지만, 사람은 앞이 보이지 않는 일에 부정적이다. 따라서 한눈에 쏙 들어오는 자료가 좋다. 중요 사항에 초점을 맞추고 불필요한 내용은 모두 제거한다는 생각으로 만든 종이 한 장이 훨씬 낫다는 말이다.

1페이지만 있어도 이쪽의 역량은 상대에게 충분히 전달된다. 어디까지 깊이 생각하고 썼는지, 간결하게 다듬은 사고로 만든 자료인지, 1페이지만 봐도 바로 파악할 수 있다.

CHAPTER 8

미팅 없이는 결정도 없다

1페이지는 여러 용도로 쓰일 수 있지만, 그중에서도 가장 큰 힘을 발휘하는 시점은 역시 미팅이다. 1페이지는 '회의력力'을 단숨에 높인다. 회의력, 즉 미팅을 진행하는 능력이라고 하면 전략적 사고 같은 기술에 비해 뭔가 밋밋하고 대수롭지 않다고 생각하는 사람도 있을지 모르겠다. 살짝 '꼼수'를 쓰는 것 같은 느낌이 들기도 한다. 어쩌면 잔재주나 부린다는 인상을 받을지도 모르지만, 사실은 매우 잘못된 생각이다. 리더십은 회의에서 매우 중요한 기술이다. 매일 사용할 수 있고, 하면 할수록 실력이 늘어 강한 인상을 남기는 데도 도움이 된다.

애당초 비즈니스에서 회의가 얼마나 중요한지 이해해야 한다. 나는 "미팅을 하지 않을 거면 결정도 하지 말라."라고 자주 말하곤 한다. 중요한 일 대부분은 회의로 결정된다. 잘 생각해 보면 여러분의 업무도 그러할 것이다. 회사 안에서 가장 중요한 사항은 어디에서 결정되는가? 바로 이사회나 주주총회 같은 회의다. 또 부서에서 가장 중요한 사항은 어디서 결정되는가? 그것도 역시 영업 회의나 매니저 회의, 담당자 회의와 같은 자리다.

상사와 어떤 일을 추진할 때는 일대일 미팅이 큰 의미를 지닌다. 여러분의 능력이나 급여 같은 인사 평가는 인사 평가 미팅에서 결정된다. 또 고객과의 비즈니스는 최종적으로 어디서 결정되는가? 비즈니스 상담이고 미팅이다. 국제정치의 중요한 사항 역시 정상회담이나 G7·G20 같은 회의에서 정해진다. 즉 수많은 중요한 일들이 결국 회의에서 결정된다고 해도 과언이 아니다. 회의가 잘 굴러가지 않으면 온갖 일들이 앞으로 나아가지 않는다.

게다가 우리는 터무니없이 긴 시간을 회의에 소비하고 있다. 언젠가 아웃룩의 캘린더를 천천히 확인하면서 도대체 회의에 몇 시간을 투자하고 있는지 계산해 본 적이 있다. 그랬더니 무려 연간 1,400시간이나 됐다. 1,400시간이 많은지 적은지는 사람에 따라 평가가 다르겠지만, 이 숫자가 당연하게 느껴지는 사람도 많을 테다. 영업일이 240일 정도라고 치면, 하루 평균 5시간 이상을 회의에 사용하고 있는 셈이다.

원격 업무가 흔해지면서 온라인 미팅이 증가한 사람도 많다. 나도 요즘 많을 때는 하루 8시간씩 미팅을 할 때도 있다. 이렇게나 긴 시간을 회의라는 작업에 소비하고 있다는 얘기다.

그럼 결과적으로 회의에서 나오는 아웃풋의 양도 늘어난다는 얘기인데, 이는 업무 생산성에 큰 영향을 미친다. 시간당 ROI(투자수익률) 증가는 성과나 실적으로 직결된다. 그것도 꽤 크게 말이다.

덧붙여 말하자면, 내가 회의에서 하는 행동은 사실 여러 사람이 보고 있다는 점을 잊어서는 안 된다. 물론 내가 주위 사람들에게 어떻게 보일지, 그것만 생각하며 일을 하지는 않는다. 하지만 회의에서 어떻게 행동하느냐가 그 사람을 평가하는 중요한 잣대로 작용하는 것도 사실이다.

그렇다면 회의에서의 행동으로 무엇을 평가할 수 있을까? 바로 주변 사람들을 확 끌어당기는 리더십이 있는 사람인지에 대한 여부다. 어떤 회사는 이 부분과 관련한 데이터를 공개하기도 했다. 물론 미팅에서의 행동과 리더십이 완벽하게 일치한다고 보기는 어렵다. 미팅 운영이 능숙하다고 해서 그 사람이 폭넓은 의미에서 매우 탁월한 리더인가 하면, 반드시 그렇지는 않다.

그러나 다수의 참여를 유도하면서 업무를 추진하는 능력이 리더십의 중요한 요소라고 한다면 그 능력이 어느 정도인지 눈에 보이는 형태로 확인할 기회는 사실 미팅 뿐이다. 실제 리더십은 미팅을 통해 평가된다. 업무를 추진할 때 리더십이 있는 사람과 리더십이 없는 사람 중 누구와 일하고 싶겠는가? 아마 모두 전자를 선택할 것이다.

만약 일을 하면서 많은 사람을 모아 성과를 내고 싶다면, 무엇보다 리더로서 신뢰받고 있는지가 중요하다. 그리고 그 여부는 미팅에서 어떻게 행동하고 어떤 식으로 미팅을 이끄는가에 따라 어느 정도 판단된다.

따라서 회의를 이끄는 회의력을 갈고 닦는 건 매우 중요하다. 그리고 이때 1페이지가 위력을 발휘한다. 회의 운영에 있어 최강의 도구라 해도 손색없다.

CHAPTER 9

내용이 너무 많으면 움직이지 않는다

요즘은 처음부터 끝까지 혼자 힘으로 해결할 수 있는 일이 거의 없다. 그래서 회의력이 더욱 중요하다. 반대로 미팅에서 자신이 원하는 것을 얻으면 큰 성과로 이어지는 기회가 된다. 사실 회의력은 매우 귀중한 기술인 것이다.

이미 우리는 업무에서 미팅이 차지하는 시간이 얼마나 많은지 알고 있다. 하지만 회의력을 기술로 인식하고 '진지하게 연마해 보자' '나만의 노하우가 생길 때까지 창조적으로 연구해 보자'라고 결단하는 사람은 의외로 적다.

이상적인 미팅을 체험해 본 적이 없다는 이유가 제일 클지도 모르겠다. 회의력보다는 전략적 사고 같은 기술이 더 멋있어 보이고 중요하다고 생각하는 사람도 있을 터다. 하지만 전략적 사고를 활용해 훌륭한 계획을 세웠다 한들 상사의 승인을 얻거나 주위 협력을 구하지 못하면 성과로 이어지기 힘들다.

사고하는 힘과 사람을 끌어들이는 힘이 세트가 되지 않으면 성과를 낼 수 없다. 그래서 끝까지 생각하고 구성원의 참여를 끌어내기 위해 1페이지를 사용하는 것이다.

가끔 1페이지를 단순한 회의 자료라고 착각하는 사람이 있는데, 절대 그렇지 않다. 나는 지금까지 여러 회사와 협업했다. 그중에서 가장 안타까웠던 순간이 자료를 받았는데 정보만 빼곡할 때였다. 무언가를 결정하고 추진하겠다는 내용은 없고, 알고 있는 정보만 쭉 나열된 자료 말이다.

그러나 본디 회의의 목적은 무언가를 결정하는 것이다. 토의하고 수렴하기 위한 자리인데, 거기서 쓰이는 자료가 단순한 정보 공유 수준에 머무른다면 그 회의는 제대로 기능하지 않는다.

이런 회의 자료와 1페이지와의 가장 큰 차이는 회의 목적을 분명히 밝히고 있다는 것이다. 그러면 모두가 같은 차원에서 이야기할 수 있다. 또 회의에 대한 명확한 의견이 있다. 전달하려는 내용이 질서 정연하게 정리되어 있고 내용이 간결하다. 그러면 참가자도 그 자료에 끌리게 된다.

나는 회의에서 토론으로 합의점을 찾았다면, 그 다음 단계까지 반드시 정해야 한다고 생각한다. 그렇지 않으면 회의는 하나마나이다. 공유만 하고 끝나는 회의라면 어지간한 이유가 없는 한 할 필요가 없다.

그런데도 정보만 잔뜩 실려 있는 회의 자료가 태반이다. 이래서야 정보 공유 그 이상도 그 이하도 아니다. 심지어 가장 심사숙고해서 결정해야 할 사항인데도 관련 자료가 전혀 없고, 심지어 선택지조차 없을 때도 있다. 자신의 의견이 없기 때문이다.

그러다 종국에는 다른 사람에게 결정을 넘겨버리거나 얼렁뚱땅 결정해 버린다. 위험한 태도다. 자신의 명확한 의견을 전달하지 못한 채 결론이 나 버리기 때문이다. 결정을 위한 미팅이라면 결정을 위한 자료, 의견이 담긴 자료가 있어야 한다.

전달할 내용을 빠짐없이 전하는 동시에 앞에서 다뤘듯 시간 조절도 가능하다는 점은 1페이지의 또 다른 매력이다. 준비하면서 꼭 전달해야 할 사항 세 가지가 보였다면, 한 주제에 몇 분 정도 쓸 수 있는지도 대략 예상할 수 있다. 주어진 시간이 1시간이라면 스스로에 대한 강제력도 작동한다. 한 장에 정리하면 신기하게도 마지막 넥스트 스텝까지 반드시 해치워야 한다는 각오로 회의에 임하기 때문에 좋은 의미에서 억제력이 발동한다.

예전에 외국계 기업에 다닐 때는 외국인과 함께 일할 기회가 많았다. 외국인에게는 일본식의 '척하면 척'이 통하지 않는다. 그래서 일본인 상사들은 소통에 어려움을 겪곤 했다. 이때도 간결한 1페이지는 큰 위력을 발휘했다.

어쩌면 이런 시트를 만들지 않고도 나보다 더 능숙하게 회의나 커뮤니케이션을 주관하는 사람이 많을지 모르겠다. 그렇다면 진심으로 대단한 일이고 부럽기도 하지만, 나는 그렇지 않기에 시간을 들여 생각을 정리하거나 글씨를 종이에 쓰면서 1페이지를 만든다. 이런 나만의 우직한 방법을 믿으며 지금도 계속하고 있다.

CHAPTER 10

1페이지, 이것만은 '절대 하지 말자'

1페이지의 구조는 다음 장에서 자세히 설명할 텐데, 나는 1페이지를 만들 때 물리적으로 이것만은 지키자고 나 자신과 몇 가지 약속을 했다. 이른바 '마이 룰My Rule'이다.

우선 글자 크기를 작게 하지 않을 것. 바꿔 말하면 정보를 너무 많이 집어넣지 말라는 얘기다. 중요한 것은 자신의 생각을 짜임새 있게 다듬고, 상대방 반응 등을 실제 상황처럼 상상하면서 간결한 언어로 표현하는 것이기 때문이다. 그렇지 않고 어떻게든 1페이지에 다 담으려고 하면 글자 크기는 작아지기 마련이다. 작은 글씨를 쓰면 정보량이 많아져서 급기야 8포인트나 7포인트까지도 작아진다. 그러면 한눈에 들어오기야 하겠지만 읽기는 힘들다. 읽는 사람이 연세가 지긋한 분이라면 더욱 힘들지도 모른다.

나는 기본적으로 글자 크기는 10포인트보다 작게 하지 않는다는 규칙을 정했다. 표는 10포인트로 하면 오히려 보기가 힘들어서 예외적으로 9포인트를 사용하지만, 기본은 10포인트다. 또 10.5포인트를 사용하는 게 1페이지에 보기 좋게 들어갈 때는 반대로 크기를 키운다. 제목도 12포인트 등 크게 하는 편이다. 또 각 항목의 제목에 해당하는 부분은 바탕을 검은색으로 하고 글자를 흰색으로 해서 눈에 잘 띄도록 하기도 하고, 중요 사항에는 노란색 하이라이트를 넣기도 하는 등 읽는 사람을 의식하며 보기 편하게 만든다. 무엇보다 착각하지 말아야 할 것은 1페이지 작성 자체가 목적이 아니라는 점이다. 내용만 마구 집어넣은 자료, 무턱대고 차트만 많고 복잡해서 한 번에 이해가 안 되는 자료로는 기대만큼의 효과를 얻기 어렵다.

1페이지를 만드는 목적은 참가자들의 눈높이를 맞춰 건설적인 논의를 하기 위함이다. 상대에게 "이거 좋네"라는 말과 함께 응원받기 위함이다. 어떤 일이 있어도, 1페이지를 그저 채우기만 한다거나, 준비하는 것 자체를 목적으로 삼아서는 안 된다. 이러한 '단순 작업 마인드'로는 효과적인 1페이지를 만들 수 없다. 그렇기에 실제 미팅 상황인 것처럼 커뮤니케이션 상대나 회의 참가자를 상상해 보는 과정이 중요하다.

또 하나 주의하는 점이 있다. 줄 바꾸기는 원칙적으로 하지 않는다는 것이다. 보기 편하게 하려는 목적과 생각을 간결하게 다듬으려는 두 가지 목적 때문이다. 하나의 요소는 반드시 한 줄로 정리한다. 특별한 경우가 아닌 이상 두 줄로 넘어가지 않는다.

장황한 문장으로 설명하는 일은 사실 어렵지 않다. 그러나 긴 문장은 메시지를 상대에게 간결하게 전할 수 없다. 불필요한 내용이 들어가기도 한다. 줄 바꾸기를 하지 않는다고 원칙을 세우면 단어가 점점 필요 최소한의 양으로 응축된다. 쓱 보고 바로 이해할 수 있는 간결한 글이 된다. 또 줄을 바꾸지 않으니 시각적으로도 깔끔하다. 모두 한 줄이라서 눈에도 잘 들어 온다.

다른 한 가지는 소소한 궁리를 해보는 것이다. '표 같은 차트를 사용하면 좋지 않을까?' '가끔은 사진도 넣어 볼까?' 하는 식이다. 이 역시 상대와의 대화를 머릿속으로 생생히 그리다 보면 떠오르게 마련이다.

뒤에서 예시를 통해 소개하겠지만, 관리자층인 외국인과 초면에 일대일 미팅을 했을 때는 사진을 사용한 간단하고 가벼운 1페이지를 준비했다. 일밖에 모르는 고지식한 사람이라는 인상보다는 '재미있는 사람이군' '앞으로 이것저것 더 상담해도 되겠어'라고 인간적인 흥미를 심어줘 친구처럼 스스럼없는 관계성을 구축하는 편이 앞으로의 관계를 생각할 때 좋겠다고 판단해서다. 이처럼 1페이지는 어떻게 활용하느냐에 따라 평소 자신이 꿈꾸던 인간관계를 구축할 기회를 마련하고 실현할 수도 있다.

참고로 추가 정보가 있는 편이 1페이지의 설득력에 도움이 될 것 같다면 두 번째 페이지, 또는 뒷면에 참고 정보(부록)를 넣는다. 예를 들면 타사 성공 사례 등을 시각 자료로 보여주는 방법도 좋다. 단 어디까지나 메인은 1페이지다. 잠깐 보게 한 뒤 바로 돌아온다. 핵심을 방해하지 않는 선에서 참고 자료 정도로만 사용한다.

CHAPTER 11

형식이 무기가 되다

P&G에서 주로 사내용 보고서나 제안서로 사용한 한 장짜리 자료를 '1페이지 메모'라 부르곤 했는데, 이것이 내 1페이지의 기본이 된 틀이다. 한 장 안에 모든 것을 정리해서 담는 방식이다. 이 방식을 내 나름대로 창의적으로 재구성해 활용 범위를 넓힌 자료가 나만의 양식이 되고, '무기'가 되었다.

P&G에는 매니저가 되면 훈련 차원에서 자신이 보유한 업무 기술을 부하 직원에게 가르치는 문화가 있었다. 내가 맨 처음 한 훈련은 '미팅 리더십'이었다. 미팅을 어떻게 리드할 것인가? 그야말로 1페이지를 어떻게 만들고 어떻게 활용할지에 관한 훈련이었다.

이 훈련을 시작한 이유는 내가 때론 실패하고 고생하면서 발견한 방법이 만약 누군가에게 도움이 된다면 활용해 주길 바라는 마음이 있었기 때문이다.

1페이지를 준비하면서 생각을 정리하고, 머릿속으로 상대를 상상하며 자료를 만든 뒤 그것을 실제로 사용해 회의를 리드한다. 그리고 마지막에는 반드시 보고서를 쓴다. 당연하지만 매우 실천적이고 유용한 업무 기술이라는 확신이 있었다.

이 '미팅 리더십'은 내 대표 훈련이 되었다. 부서나 장소를 바꾸며 몇 번이나 실시했다. 또 나중에는 모든 매니저가 참가한 사내 행사에서 참가자가 뽑은 트레이닝 최우수 그랑프리를 수상하기도 했다. 언뜻 밋밋해 보이는 기술로 큰 상을 받아 가슴이 벅찼던 그 때의 감격이 지금도 생생하다.

P&G는 양식에 충실한 회사였다. 문화도 가치관도 다른 세계 각국의 수많은 직원이 함께 모여 일하는 회사인 만큼, 어느 지역에서 어떤 직원이 와도 어려움 없이 업무를 수행하고 성과를 올릴 수 있도록 '양식'을 만든 게 아닐까 생각된다.

1페이지라는 사내 메모, 리더십 양식, 마케팅 양식, 조직 설계 양식……. 모든 영역에 잘 만들어진 양식이 있다. 이것이 전 세계에서 비즈니스를 전개하며 성장을 지속하는 비결이다.

리더의 자세도 P&G만의 스타일이 있다. 그래서 직급이 올라

가면 올라갈수록 풍기는 분위기나 기운이 왠지 모르게 비슷하다.

반면 나중에 이직한 페이스북은 마치 정글처럼 다양성이 넘치는 회사였다. 모두가 다 달랐다. 강함도 약함도 달랐다. 굉장히 다양하고 굉장히 인간적이다. 어느 쪽이 좋고 나쁘다는 말이 아니다. 같은 글로벌 기업이라고 해도 회사마다 이렇게나 다른 것이다.

나 역시 기본적으로는 P&G에서 배운 리더십 스타일을 고수하면서도, 페이스북의 좋은 의미에서의 정글 같은 환경의 자극을 받은 덕분에 더 나답고 인간미가 느껴지는 리더십 스타일을 갖게 됐다. 이러한 스타일을 요즘은 '진정성 리더십Authentic Leadership(리더로서의 카리스마보다 남들과 공감하고 친밀한 관계 형성을 중시하는 리더십-옮긴이)'이라고 부른다고 한다.

그래도 역시 기본이 되는 양식을 배운 경험은 대단했다. P&G에서 양식을 배우고 라쿠텐과 페이스북에서 '스트리트 파이팅street fighting'를 배워서 이 둘을 잘 활용했기에 MOON-X 창업이 가능했다고 확신한다.

PART 2.

사람을 움직이는 1페이지의 구조

CHAPTER 1

1페이지는 응원받기 위한 도구

1페이지를 만드는 이유는 업무를 추진하는 데 필요한 능력, 즉 사람을 끌어들이고 행동하게 만드는 능력이 없어 어려움을 겪던던 내가 조금씩 그러한 일들을 할 수 있게 되었기 때문이다. 1페이지 덕분에 사람을 끌어들여 움직이게 만들었고, 여러 의견을 하나로 모을 수 있게 됐다.

1페이지를 효과적으로 활용하는 포인트 중 하나는 상상력을 적극적으로 발휘하는 것이다. 머릿속으로 회의 장면을 상상하면서 1페이지를 만들면 짜임새 있는 커뮤니케이션이 된다. 이를 바꿔말하면, 1페이지를 만들 때 실제 사용 장면까지 자세히 상상하지 않으면 기능하지 않는다는 말이기도 하다. 그렇기에 커뮤니케이션이란 어떠해야 하는지에 대해 의미있는 시행착오가 가능한 것이다.

그런 의미에서도, 1페이지는 단순히 항목만 채워 넣는다고 완성되는 것이 아니다. '이렇게 하면 더 매끄럽지 않을까?' 하고 상상하며 선택지를 끄집어내고 유연하게 발상하면서 생각하는 과정이 동반되어야 한다.

작업이 아니라 상상하고 생각하는 창의적인 연구 활동이다. 여기에 진정한 1페이지의 정수가 있다. 그리고 비즈니스나 마케팅과 마찬가지로 커뮤니케이션도 다양한 방법이 존재하는 '자유롭고' '창조적인' 분야다. 때론 어깨에 힘을 빼고 그때그때 떠오른 발상을 유연하게 반영하는 자세도 중요하다.

커뮤니케이션 상대가 앞에 있다는 사실을 자각하면, 내가 말하고 싶은 것만 늘어놓는 진행이 바람직하지 않다는 사실을 깨닫게 된다. 자기가 할 말만 하고 끝난다면, 1페이지는 그저 발표 내용을 적은 리스트일 뿐 의견 수렴에는 아무런 도움이 되지 않는다. 미팅이나 비즈니스 상담 때 잊어버리지 않으려고 준비한 개인 메모에 불과하다.

애당초 1페이지로 사람을 끌어들이는 목적과 의도는 상대에게 무언가를 느끼게 하거나, 생각하게 하거나, 동의를 구하거나, 움직이게 하려는 데 있다. 따라서 사안을 끊임없이 상대방 관점에서 바라봐야 한다. 커뮤니케이션 상대는 무엇을 궁금해할까? 무엇을 더 알고 싶어할까? 어떤 질문을 하고 싶을까? 무엇에 가슴이 설렐까?

이를 위해 예를 들면 상대가 전에 말한 내용을 1페이지에 인용하는 방법도 있다. 배경 부분에 '전에 상담할 때 이런 조언을 해 주셨다'라고 넣는다. 제안한 아이디어가 과거 자신이 낸 의견의 연장선 위에 있다고 알면 응원하고 싶은 마음이 들게 마련이다. '잊지 않고 기억해 줬구나' 하는 좋은 인상을 심어줄 수도 있다.

또 1페이지는 기본적으로 다른 사람들의 응원을 받기 위한 도구일 때가 많다. 그렇다면 어떻게 하면 상대가 '좋아요!'라고 응원해 줄지, 반대로 생각해 본다. '좋아요!'라고 생각하게 하려면 무엇이 필요한가 하고 말이다.

예를 들어 경영자라면 회사 전체의 전략을 잘 따르고 있는지에 제일 관심이 갈지도 모른다. 또 인적 그리고 금전적 재원이 계획 범위 안인지, 실패해도 궤도 수정이나 원상 복귀가 가능한지도 신경을 쓸 테니 이러한 부분까지 예행 연습하듯 꼼꼼히 그려보고 작성한다면 설득력이 커질 게 분명하다.

그런데 자기 제안만 빼곡하고, 전체 전략과의 관계나 재원 및 예산 계획과의 균형 등은 몽땅 빠져 있는 경우를 자주 목격한다. 이래서야 경영자가 어떻게 '좋다!'고 말할 수 있겠는가?

토의할 때 주고받을 대화까지도 진짜처럼 상상해 본다. 누구에게 어떤 화두를 던져 질문할지도 철저히 상정하면서 자료를 만든다. 어떤 시점에 누가 발언하면 흐름이 자연스러울까? 누구의 발언이 논의에 어떤 영향을 미칠까? 여기까지 생각하는 것이다.

예를 들면 토의에 책임 의식을 심어주기 위해서라도 되도록 여러 사람이 발언하게 한다. 토의 초반부터 참여 의지를 북돋아 줘야 토론에 적극적으로 참여하는 사람이 있는가 하면, 마지막에 가볍게 의견을 말하게 해야 효과적인 사람도 있기 때문에 발언 타이밍도 의식한다.

시간 배분도 실전처럼 그려본다. 미팅 시간이 30분이라면 어떻게 시간을 배분할지, 각 파트에 시간을 얼마나 쓸지 정하고, 정말 중요한 미팅일 때는 1페이지에 시간 배분을 기재해도 괜찮다. 그리고 시작 전에 시간을 확인하고 미팅에 들어간다.

시간 배분을 어떻게 하고 어떤 식으로 토론을 진행할지는 미팅을 진짜처럼 상상해 보지 않는 한 알기 어렵다.

CHAPTER 2

‘무엇을 넣을까?’보다 ‘무엇을 뺄까?’가 중요

몇 번이나 반복하지만, 사람은 기본적으로 자신이 모르는 것에 부정적인 태도를 보이는 경향이 있다. 쓱 봤는데 잘 모르겠는 것, 의도를 파악할 수 없는 것, 세 번 정도 읽었는데 이해가 안 되는 내용은 당장 손해다.

‘OK!’ 사인을 받고 싶은 사람에게, 자신의 생각을 이해시킬 목적만으로 막대한 에너지와 시간을 허비하게 하는 것은 양쪽 모두에게 낭비다. 이러한 관점에서 나는 불필요한 정보는 모조리 빼라고 적극적으로 권한다.

물론 ‘무엇을 넣을까?’도 중요하다. 하지만 못지않게 ‘무엇을 넣지 않을까?'도 중요하다. 많은 사람이 넣을 것만 생각하는데 '무엇을 넣지 않을까?'도 적극적으로 생각해야 한다. 사실은 과감히 빼는 판단이 더 중요하다.

크게 신경쓰지 않는 사람이 많은데, 내용이 많으면 중요 포인트가 묻힌다. 세 개 중 하나일 때는 잘 전달되는 내용도, 30개 중 하나일 때는 무심코 지나치기 쉽다. 정보량이 많으면 그만큼 중요 포인트가 묻힐 가능성이 높다는 사실을 꼭 기억하자.

가령 정보가 30개나 있으면, 사람들은 의외로 사실 별로 중요하지도 않은 30번째 정보에 반응한다. 그 바람에 가장 중요한 사항에는 동의를 얻지 못하는 일도 비일비재하다.

특히 관리자 직급과 소통할 때는 세부 사항에 집착하면 할수록 논점과 어긋난 커뮤니케이션이 되기 쉽다. 관리자는 신경써야 할 일이 매우 많다. 생각할 에너지와 시간이 매우 세분화되어 있는 사람들이다. 따라서 정보를 얼마나 간결하게 정리해서 짧은 시간 안에 정확하고 적확한 이해와 판단을 하도록 돕느냐가 관건이다.

실무자 중에는 자기가 맡은 프로젝트나 안건에 관해 경영자나 상사가 자기만큼이나 잘 알고 많이 생각하고 있으리라는 헛된 기대를 품고 윗사람에게 이야기하러 갔다가, 전혀 대화가 통하지 않아 당황하는 사람이 많다. 개중에는 경영자나 상사가 너무 몰라준다며 한탄하기도 한다.

그런데 상사의 이러한 반응은 지극히 당연하다. 직급이 위로 올라가면 갈수록 10가지, 100가지, 1,000가지의 여러 업무를 동시다발적으로 생각해야 하기 때문이다. 담당자에게는 전부인 프로젝트도 경영자에게는 1,000분의 1밖에 되지 않을 수 있는 것이다.

이러한 감각을 이해하고서 사고를 다듬고 다듬어 핵심만 뽑은 상태까지 정보를 정리할 수 있는 능력, 이것이 관리자층과의 커뮤니케이션에서 필요한 점이다.

상대방에 대해 자세히 상상하는 과정은 결국 이야기를 듣는 상대방에게 무엇이 중요한지 생각하는 과정이기도 하다. 이를 위해서는 자신이 전달하고자 하는 메시지의 중요한 핵심을 뽑아야 한다. 그래야 그 자체로 마음을 '찌르는' 강력한 메시지가 된다.

CHAPTER 3

1페이지는 미리 보내지 않는다

미팅이나 비즈니스 상담 등에서 1페이지를 사용할 때 내가 미리 보내는 경우는 거의 없다. 왜냐면 보낸다고 해서 내가 기대하는 수준으로 반드시 읽어 오리라는 보장이 없기 때문이다. 읽어 올지 아닐지는 내가 통제할 수 없다. 어디까지나 자료를 받은 상대의 판단에 달려 있다.

또 여러 사람이 참가하는 미팅이라면 읽은 사람과 읽지 않은 사람으로 나뉠 수도 있다. 그러면 1페이지를 읽지 않은 사람에게는 새로운 정보도 읽어 온 사람에게는 이미 알고 있는 정보가 된다. 그렇지만 읽지 않은 사람을 위해 다시 설명해야 한다. 즉 정보가 균일하지 않은 상태가 되는 셈이다.

회사에 따라서는 Pre-Send(미리 보내기), Pre-Read(미리 읽기)를 중시하는 곳도 있다. 미팅 전에 자료를 공유할 것, 이런 규칙이 있는 회사도 많다. 그건 그것대로 의미 있는 일이다. 특히 사전에 알아 두어야 할 정보가 많을 때는 효과적인 방법이라고 생각한다. 그러나 한편으로는 사전 자료가 있으면 토의를 통제하는 난도가 올라가는 것이기도 하다. 읽은 사람과 읽지 않은 사람의 차이뿐 아니라 읽은 사람 중에도 꼼꼼히 읽은 사람과 대충 읽은 사람의 차이가 생긴다. 의견을 미리 생각해 온 사람과 아무 생각 없이 온 사람과의 차이도 있다. 농도가 달라지는 셈이다.

만약 내가 상황을 고를 수 있다면 모두가 균일한 상태에서 시작하는 쪽을 택할 것이다. 그래서 출력한 자료를 가지고 가서 그 자리에서 꺼내 보여주는 경우가 많다.

미리 보내지 않는 데에는 또 다른 이유가 있다. 토론은 현장감과 응축감이 중요하다고 생각하기 때문이다. 마주 앉은 상태에서 1페이지를 나눠주고 그때부터 30분이나 1시간 안에 전부 마무리 지음으로써 밀도 높고 유의미한 커뮤니케이션을 할 수 있다.

어떤 주제가 됐든 기본적으로 1페이지만 있으면 30분 안에 합의가 가능하다. 그렇기에 개인적으로는 정보를 미리 공유하기보다는 그 공간의 팽팽한 긴장감과 에너지를 맘껏 즐기고 싶다. 하지만

이 또한 깊이 생각하고 작성한 1페이지가 있다는 전제하에서다.

오프라인의 현장 미팅에서는 1페이지를 출력해서 가지고 가지만, 줌Zoom이나 팀즈Teams 같은 온라인 미팅에서는 화면 공유 기능을 사용해 1페이지를 함께 보면서 대화한다. 온라인에서도 미리 공유하지 않고 그 자리에서 보여줄 때가 많다. 인사가 끝나면 처음에 "오늘은 한 장짜리 간단한 자료를 준비했습니다."라고 알리고 1페이지 전체 모습을 띄운다. 전체를 보여 준 후에는 글자를 조금 확대해서 미팅에 들어간다.

처음에 전체를 보여주는 이유는 논의가 어떤 순서로 진행되는지 순서에 대한 공통 이해를 쌓기 위해서다. 실물 종이라면 상대는 종이 위에서 시선을 자유롭게 왔다 갔다 할 테지만, 온라인에서는 그럴 수 없다. 따라서 처음에 전체를 보여준다.

그러고 나서는 1페이지를 확대한다. 전체 내용은 보이지 않게 되지만, 확대하지 않으면 글자가 작아서 잘 보이지 않을 것 같아서다. 잘 안 보이는 자료는 커뮤니케이션에서 최악이다. 되도록 피하려 하고 있다. 나머지는 1페이지가 50~60% 정도 보이는 공유 화면을 함께 보면서 의견을 계속 주고받는다.

CHAPTER 4

회의보고서는 초고속으로

1페이지를 사용해 원만하게 합의점에 도달했다고 해도 아직 끝은 아니다. 이후 과정이 중요하다. 회사마다 문화가 다르긴 하지만, 특별히 중요한 미팅이라면 대부분은 미팅 후 이메일이나 팀즈, 슬랙Slack 등으로 합의 사항이나 넥스트 스텝 등이 담긴 회의보고서를 공유한다. P&G나 라쿠텐, 페이스북에서 그랬고, 창업한 MOON-X에서도 노션Notion 등에 간단히 합의 사항을 추가로 기록하고 있다.

여기서 중요한 점이 있다. 어차피 회의보고서를 만들어 보낼 거라면 곧바로 하라는 것이다. 논리가 좀 빈약할지도 모르지만, 내가 느끼기에 회의보고서 제출이 빠른 사람은 대체로 '일 잘하는 사람'이라는 이미지가 강하다. 또 의욕이 매우 넘치는 사람이라는 평가도 자주 받는다. 나 역시 그렇게 생각할 때가 적지 않다.

실제로는 일 잘하는 사람이라고 반드시 회의보고서를 빨리 제출하지는 않는다. 또 의욕이 넘치는 만큼 여러 가지를 생각하느라 보고서가 늦어질 수도 있다. 따라서 업무 능력과 넘치는 의욕, 이 두 가지와 보고서의 속도는 상관관계가 없다.

그러나 왠지 보고서를 받는 입장에서는 보고서가 빠르면 '일을 잘 한다' '의욕이 넘친다'라는 긍정적인 느낌을 준다. 그러니 어차피 보고서를 작성해 제출할 바에는 빠른 편이 이득이다. 반대로 느리면 손해다.

귀찮다고 미루다 보면 미팅 내용을 잊어버리기 십상이다. 3일 전 미팅 보고서를 써서 내려면 메모장을 다시 펼쳐야 하고, 머리를 쥐어짜며 기억해 내야 한다. 귀찮은 정도로만 보면 오히려 이쪽이 더 귀찮다. 그러니 빨리 해치워 버리는 게 상책이다.

아무리 늦어도 미팅 당일 안에는 보고서를 제출하자는 게 내 규칙이다. 조금 조잡해도 괜찮다. 몇 군데 오탈자가 있거나 포인트가 한두 개 빠져 있어도 좋다. 빨라서 나쁠 건 없다. 오히려 빨리 제출하면 의욕적이라는 이미지를 심어줄 수 있다. 도리어 3일 후에나 보고서가 왔는데, 오탈자가 많거나 군데군데 중요한 포인트가 빠져 있으면 결코 좋은 인상을 남길 수 없다. 이러한 관점에서도 그야말로 '스피드광'의 마음가짐으로 서둘러 보내는 편이 낫다.

사실 1페이지가 있으면 보고서를 만들기도 쉽다. 미팅 중에 코멘트가 나오면 그 자리에서 1페이지의 여백에 추가로 메모하면 된다. 그 후 핵심 포인트만 1페이지에 기입하고 수정해서 보고서 첨부 자료로 보내도 좋다. 미팅은 1페이지에 따라 진행되었으니 이것을 보고서 밑바탕으로 사용하면 될 것이다.

CHAPTER 5

회의가 끝나도 계속 상황을 관리한다

온라인 미팅 때는 구글닥스Google Docs나 노션으로 1페이지를 작성한 후 문서를 화면에 띄워 공유한다. 그리고 미팅 중에 나온 의견이나 토의 합의 사항을 그 자리에서 기입한다. 추가로 기입할 때 글자색을 달리해 두면, 원래 1페이지 내용에 추가된 내용임을 알 수 있다. 회의 참가자가 발언한 내용은 그 자리에서 구글닥스의 공유 화면에 입력해 두었다가 미팅이 끝나면 바로 PDF 파일로 변환해서 참가자에게 보낸다.

이렇게 하면 회의 보고서를 대신할 수 있다. 온라인 미팅이 오프라인 때보다 보고서 만들기가 간단하다. 게다가 모두가 보고서 작성 모습과 내용을 지켜보고 확인했기 때문에 다른 말이 나올 가능성도 적다.

온라인 미팅을 할 때는 페이지 크기를 확대해서 읽기 편하게 한다고 설명했는데, 화면을 공유하면서 코멘트를 입력해야 하기 때문이기도 하다. 출력한 종이에서는 읽기 편한 글자 크기도 컴퓨터 화면으로 보면 꼭 그렇지 않다. 또 큰 모니터를 사용하는 사람, 노트북을 사용하는 사람 등 환경도 제각각이다. 조금 큰 글자로 확대해서 보여주는 것이 역시 기본이다.

회의 보고서와는 별도로, 중요한 미팅일 경우에는 더더욱 회의 후 상황 관리에 신경을 쓴다. 사람들은 실제 회의 모습을 상상하며 철저히 준비해서 회의가 순조롭게 진행되고 합의에도 이르면 대부분 그걸로 만족한다. 그런데 의외로 여기서부터 한 발도 앞으로 나아가지 못하는 상황이 벌어질 때가 많다.

다음 회의 때 확인해 보니, 분명 행동하기로 합의한 일이 전혀 이루어지지 않았던 경험은 아마 누구에게나 있을 것이다. 나도 그런 경험이 있다. 이러한 일을 방지하기 위해서는 회의가 끝난 후 어떻게 상황을 관리하느냐가 중요하다.

특히 중요한 안건이라면 전체적으로 회의 보고서를 보낸 뒤 그 업무 담당자는 따로 상황을 관리해야 한다. "회의에 참석해 주셔서 감사했습니다. 이 안건을 맡게 된 것으로 아는데, 무엇이든 도울 일이 있으면 말씀해 주십시오."라는 내용의 이메일이나 메시지를 보내는 것만으로도 차후 대응이 완전히 달라진다. 이메일이나 메시지를 받은 담당자 본인도 중요한 업무를 맡았다고 자각하는 계기가 된다. 언제나 그럴 필요는 없지만, 중요 업무 담당자는 개별적으로 관리를 해야 미팅 ROI가 높아진다.

회의 후 관리를 대수롭지 않게 여길지 모르지만, 이렇게 사소한 행동이 쌓여야 신뢰로 이어진다. 1페이지를 사용해 합의에 도달했다고 해서 결코 끝이 아니다. 어디까지나 시작일 뿐이다.

구성원 모두가 능동적으로 움직이는 미팅을 만들고 싶다는 사람들에게 내가 한결같이 추천하는 것이 있다. 바로 미팅 중에 적당히 해결하려 하지 말고 미팅 전에 철저히 준비할 것, 즉 우선은 심사숙고하며 정성껏 1페이지를 만들라는 것이다.

그리고 또 한 가지는 미팅 후 보고서 작성과 상황 관리를 신속하되 꼼꼼히 하라고 권한다. 사전 준비와 사후 관리의 철저함은 곧 높은 성과로 직결된다.

CHAPTER 6

마음에 여유를 주는 1페이지

사람들의 참여와 행동을 이끌어내야 하는 미팅에서 1페이지가 주는 매우 큰 이점이 있다. 바로 마음의 여유다. 철저히 준비하고, 실제 상황을 상상하며 사고를 다듬어 1페이지를 만들어 놓으면, 미팅 때 마음의 여유가 생긴다. 이 여유는 회의 중의 행동이나 정신 상태에 큰 영향을 미친다.

미팅 중에는 1페이지를 적극적으로 활용한다. 내용을 하나하나 읽으며 진행하지 말고, 1페이지를 보며 순서에 따라 미팅을 진행한다. 회의를 리드하는 일과 연극에서 배역을 연기하는 일은 왠지 통하는 면이 있는 것 같다. 어떤 태도, 어떤 접근 방식, 어떤 캐

럭터로 미팅을 리드할 것인가. 이것이 시험대에 오른다. 마음의 여유가 있으면 여기까지도 깊이 들어갈 수 있다.

미팅을 주관하는 사람은 누구보다 깊이 생각해야 한다. 그리고 충분히 준비했다면 자신 있게 회의를 이끌 수 있다. 나아가 어떤 식으로 회의를 진행할지 구체적인 계획도 있어야 한다.

"오늘 모든 선택지를 제시하긴 하겠지만, 굉장히 심사숙고한 결과 저에게는 반드시 이 안이라는 확신이 있습니다." 이렇게 자신만만하게 적극적으로 제안하는 방식도 있을 것이다. "생각은 해 왔는데, 사실 최종 단계에서 몇 가지 선택지가 있어서 망설이고 있습니다. 각 부서의 시점으로 볼 땐 어느 것이 가장 좋은지 의견을 주시기 바랍니다." 반대로 이런 식으로 도움을 구하는 자세로 나갈 수도 있다.

실제로 나는 자주 후자의 태도로 들어가 여러 의견을 들으며 함께 결정하곤 한다. 참가자 중에 경험이 풍부한 선배가 많을 때는 혼자 단독으로 결정하기보다 다 같이 논의해서 결정하는 편이 나중에도 일이 잘 진행될 가능성이 높기 때문이다.

이런 경우 결과적으로는 원래 생각했던 선택지로 합의됐다 하더라도, 참가자 모두가 힘을 모아 결정하는 과정을 공유했다는 경험 자체가 중요하다고 생각한다.

이 밖에도 '어떻게 해야 좋을지 모르겠다'는 방식으로 진행하기도 한다. 이럴 때는 창피해하거나 자존심을 내세워봐야 아무런 도움이 되지 않는다. 그러므로 속마음을 감추지 않고 "상황이 어렵네요."라고 솔직히 말하고 도움을 구하는 게 현명하다. 남을 돕는 데 적극적인 사람도 있어서 '도와주세요'라는 식으로 나가는 게 일이 잘 풀릴 때도 있다.

그런가 하면 "이걸 꼭 하고 싶어요. 데이터는 전혀 없지만 제 20년 경력을 걸고 성공할 자신이 있습니다. 저만 믿고 따라와 주세요."라고 밀어붙이기 식으로 진행했는데 성공했던 적도 있다.

주위 관계자 등의 성향을 고려하여 유연하게 접근 방식을 바꾸면서 대처해 보자. 그러면 사람을 끌어들여 행동하게 만드는 미팅이 될 것이다.

이런 일이 가능한 것도 실제 미팅 장면을 상상하면서 사고를 다듬어 1페이지를 작성한 덕분에 마음의 여유가 생겼기 때문이다.

CHAPTER 7

회의력을 높이는 마법의 문구

주제와 조금 멀어지지만, 회의야말로 업무를 움직인다는 강한 확신이 생긴 후에는 1페이지 말고도 여러 비법을 활용하게 되었다. 여기서 몇 가지를 소개해 보겠다.

예를 들어, 나는 회의에서 발언할 때 자주 '마법의 문구'를 사용한다. 마법의 문구는 외국계 기업의 글로벌 커뮤니케이션 연수에도 자주 등장한다. 그만큼 내가 뱉은 사소한 말 한마디가 의외로 큰 힘을 발휘하기도 한다.

첫 번째는 결론부터 말하는 것이다. 동의하는지, 동의하지 않는지 먼저 말하고 나서 이유를 설명한다. 결론을 모르면 듣는 쪽은 답답함을 누르며 결론이 나올 때까지 한없이 기다려야 한다. 그러니 처음에 '결론부터 말씀드리면'이라고 말한다. 그 후에 이유를 자세히 설명하는 것이다.

다음으로 회의 중에 참가자의 이름을 호명하는 것도 효과적이다. 고객과 미팅을 할 때 '이 사람 말 한마디도 안 할 것 같은데?' '그래도 이 사람의 말을 듣고 싶은데' 하는 느낌이 오면 회의 초반에 발언할 기회를 준다. 대답하기 어려운 내용을 질문하거나, 끈질기게 몇 번이나 묻는 등 몇 가지 점만 조심하면 이 방법을 대부분 싫어하지 않는다. 오히려 말을 시킴으로써 전체적인 분위기나 흐름이 활발해져서 회의가 긍정적인 방향으로 흘러간다.

또 논의가 너무 확대돼 수습하기 어려울 때면 내가 자주 하는 말이 "목적으로 다시 돌아올까요?"이다. 이야기하다 보면 안 그러려고 해도 이야기가 자꾸 산으로 갈 때가 있다. 그럴 때 일부러 이렇게 말한다. 그러면 화제의 방향이 다시 원래대로 돌아온다.

이 밖에도 "이 부분은 꼭 도와주시면 좋겠습니다." "좋은 의견이네요." "정리하면 이런 말인가요?" 같은 말도 자주 사용한다.

상황에 맞는 이러한 문구를 여러 가지 실제로 시험해 보고 자신에게 맞는 말을 찾아내면, 든든한 무기가 된다.

또 최근에는 온라인 회의가 매우 많아졌다. 나도 70~80퍼센트가 온라인 원격회의다. 원격회의는 매우 효율적이고 편리한 한편 주의할 점도 있다. 이를테면 온라인에서는 의사 표현을 더 확실히 해야 한다. 온라인상에서는 내 생각을 상대방에게 온전히 전하기가 어렵다. 몸짓, 손짓, 제스처 등 소위 바디랭귀지를 마음껏 사용할 수 없는 만큼 서로의 생각을 파악하기 어렵기 때문이다.

그래서 나는 의식적으로 30퍼센트 정도 의사 표현을 더 많이 하려고 한다. 현장 미팅에서는 '좋네' '그럭저럭 괜찮네' 정도의 느낌을 받고 그만큼의 반응만 하면 분위기로 충분히 전달되지만 온라인에서는 그렇지 않다.

오프라인에서 하던 대로 고개만 끄덕거리고 있다면 "마음에 든다는 건지 안 든다는 건지 도통 모르겠다"라는 식으로 받아들일 수 있다. 정말 마음에 든다면 좀 더 확실히 말해야 한다. 또 회의 중에 '저 사람 어떤 반응인지 잘 모르겠다'라는 생각이 들면 망설이지 말고 즉시 확인한다. 이러한 소소한 수고가 의사소통의 틈을 메운다. 온라인 회의의 이러한 특성을 머리 한 켠에 심어 두고 조금만 궁리를 하면 아웃풋 수준을 현장 미팅과 비슷한 수준으로 끌어올릴 수 있다.

MOON-X에서도 매일 오전 9시에 가상 공간에서 조회를 열고 팀 전체가 만난다. 취미 등 가벼운 아이스브레이크로 시작하고 마지막에는 의도적으로 잡담을 나누는 등 모두가 부담없이 의사 표현이나 반응을 할 수 있도록 힘쓰고 있다.

CHAPTER 8

'551호라이 작전'으로 목적을 제시한다

이어서 1페이지를 구성하는 기본 네 가지 항목에 대해 다시 한번 자세히 설명하려고 한다. 먼저 ①목적. 미팅용 자료라면 여기에 이 미팅을 진행하는 목적을 쓰면 된다. 만약 목적만 가지고는 이미지가 잘 떠오르지 않는다면 '회의의 목적' '오늘 말하고 싶은 것·결정하고 싶은 것' 등으로 바꿔서 써도 좋다.

목적은 미팅 서두에 반드시 명확히 밝혀야 한다. 왜냐면 애당초 목적은 늘 애매해질 위험이 있기 때문이다. P&G 시절, 이메일 첫머리에 빈번히 등장하는 한 문구가 있었다. 'This e-mail is to~' 이다. 이 메일을 왜 보내는지, 목적을 명료히 밝히는 문구다. 첫 문장이 '당신에게 알려주고 싶은 것이 있다'인지, '당신의 승인이 필요하다'인지, 아니면 '당신의 조언이 필요하다'인지에 따라 받는 사람의 자세도 달라진다. 목적을 맨 처음에 명시함으로써 읽는 사람은 그것을 염두에 두고 내용을 읽을 수 있다. 목적을 처음에 분명히 밝히는 일은 생각보다 훨씬 중요하고 효과적이다.

이메일 외에도 제안서 등의 서두에 자주 이런 구절이 나온다. 'This document is to~.' 이 문서의 목적은 무엇인가? 공유인지, 계획 승인인지, 아니면 누구에게 무언가를 요구하는 것인지 목적 자체를 명확히 하는 것이다. 매우 좋은 습관이라고 생각한다.

그래서 내 1페이지에도 이 사고방식을 그대로 도입해 무엇이 목적인지 서두에 분명히 밝히고 있다. 미팅 내용이 복잡해질수록 목적 명시는 매우 중요해진다.

예를 들면 예전에 이런 1페이지를 작성한 적이 있다. 한 기업이 나에게 어드바이저로 취임해 달라는 제안을 했다. 매우 감사한 제안이었지만, 한편으로는 내가 기대에 부응하는 가치 공헌을 할 수 있을지 스스로도 판단이 서지 않았다. 그래서 나의 강점과 약점 등을 1페이지로 솔직히 전하고 상대방에게 이해를 구한 후에, 어드바이저 취임이 서로에게 최선의 선택인지 함께 검토·판단해 보자고 제안했다.

이때는 목적을 이렇게 썼다. '이 자료의 목적은 하세가와의 경험과 강점, 약점을 이해한 후에 진정한 윈윈Win-Win 관계를 구축할 수 있는지 판단하기 위함입니다.' 1페이지를 준비해 목적을 명확히 한 덕분에 미팅은 매우 원만하게 진행됐다.

목적을 명확히 한다는 게 무슨 말인지 알기 쉽게 표현한 문장이 있다. '있을 때와 없을 때의 차이를 의식하는 것'이다. 앞으로 30분 동안 미팅을 할 때와 하지 않을 때, 어떤 차이가 생기길 원하는가? 이것이야말로 미팅의 목적이다. 또는 이 제안을 할 때와 하지 않을 때. 이 사내 메모가 있을 때와 없을 때. 이메일을 보낼 때와 보내지 않을 때. 각각의 차이가 목적이 된다.

목적이 무엇인지 다시 생각해야 함을 강조할 때, 나는 오사카에서 굉장히 유명한 '551호라이蓬莱'라는 고기찐빵 가게의 광고를 예로 들어 '551호라이 작전'이라는 표현을 쓴다. 그런데 이 찐빵 광고는 일본에서도 간사이 지역에서만 방영되기 때문에 어쩌면 타지역 사람들은 피부로 와 닿지 않을 수도 있다. 광고 내용은 이렇다.

'551호라이 고기 찐빵이 있으면 모두가 해피. 세계가 꽃밭이고 모두 웃는 얼굴. 하지만 551 고기 호빵이 없으면 모두가 언해피. 갑자기 비가 내리고 모두가 우울.'

참으로 간사이다운 밝고 알기 쉬운 광고다. 웃음을 자아내는 이 멋진 광고는 요컨대 있을 때와 없을 때 뭐가 다른지, 그 차이를 알기 쉽게 전한다. 따라서 항상 551호라이 작전을 기억하며 스스로 납득될 때까지 '차이=목적'을 거듭 생각하고 수정해 언어로 표현하라고 권한다.

CHAPTER 9

시간 때우기식 미팅은 하지 않는다

왜 P&G에는 이메일이나 제안서에 굳이 목적을 명기하는 관행이 생겼을까? 어쩌면 평소 일을 하면서 목적을 의식하는 일이 적기 때문이 아닐까? 사실 모든 비즈니스 상황에서 분명한 목적의식을 가지고 일하는 경우는 별로 없는 듯하다. 그야말로 90퍼센트는 목적이 모호한 상태에서 그냥저냥 업무를 해치우고 있지 않을까? 여러분은 어떤가?

예를 들어 비즈니스 상황에서의 커뮤니케이션이라면, 목적은 기본적으로 세 가지 정도로 집약된다.

공통 이해 구축

토의와 합의

넥스트 스텝 확인

이 세 가지 중 어디에 해당하는지, 아니면 세 가지 모두 순서대로 달성하고 싶은지, 목적을 명확히 세우고 소통해야 한다.

그런 의미에서 지양해야 할 미팅도 있다. "잠깐 상담하고 싶어서 상사와 시간을 잡았어요." 같은 미팅이다. 상담이 필요해서 시간을 내달라고 한 것이 잘못은 아니다. 그러나 이것만으로는 목적이 뚜렷하지 않다. 완전히 '결정화結晶化'되지 않았다는 얘기다.

무엇에 관한 공통 이해를 구축하고 싶은지, 어떤 토의나 합의를 하고 싶은지, 무엇을 확인하고 싶은지가 매우 모호하다. 문제는 상대 역시 뭘 원하는지 모른다는 점이다. 접점이 없는 상태에서 이루어지는 커뮤니케이션이 과연 서로에게 만족할 만한 결과를 가져다줄지 의문이다.

실제로 공유와 토의는 크게 다르다. 공유는 정보를 공유해서 질문이 있으면 답하는 수준이고 거기에 토론은 필요 없다. 그러나 토의는 의견을 교환하기도 하고 때로는 언쟁도 하면서 최고의 합의점을 찾아가는 과정이다. 그런데 목적이 무엇인지 확실하지 않으면 제대로 된 상호작용이 성립하기 어렵다. 애당초 둘은 성질이 다르기 때문이다.

명확한 목적은 없지만 어쨌든 시간은 잡았다는 식이면 자신도 상대방도 아까운 시간과 에너지만 소비하게 될 가능성이 크다.

목적이 분명하면 미팅 전에 어떤 정보를 미리 공유해야 할지 생각해 볼 수 있다. 예를 들어 목적이 토의와 합의라면, 나만 정보를 가지는 것이 아니라 다른 부서 사람들과도 정보를 공유해야 목적을 달성할 수 있음을 파악하는 것이다. 알고 있는 정보가 같아야 바람직한 논의가 이루어지기 때문이다.

CHAPTER 10

'배경'에서 논의의 방향을 정한다

정보 공유에 관한 이야기를 했는데, 본격적인 토론에 들어가기에 앞서 1페이지를 사용해 팀원들과 필요 정보를 공유하는 부분이 ②배경이다. 이것도 P&G 메모에 Background라는 이름으로 자주 등장했다.

논의를 위한 '맥락'이라고도 할 수 있다. 전체적인 상황은 어떠하고, 어떤 흐름 속에서 이 논의를 다뤄야 하는지 빠짐없이 공유한 후에 미팅이나 토론으로 들어간다는 뜻이다.

제안서를 놓고 이야기를 나눌 때, 배경에서 서로의 눈높이를 맞추는 사례를 살펴보자.

예를 들어 어떤 회사의 전반적인 비즈니스 흐름이 매우 좋지 않고 침체되어 있다면, 당장 무슨 수를 써야 한다. "자, 이제 어떤 상황인지 알았으니 토론을 통해 어떻게든 기사회생할 수 있는 방법을 찾아봅시다."라는 배경이 공유된다면 모두가 긴장감을 갖고 논의하게 된다.

반대로 비즈니스가 계획 이상으로 매우 순조롭게 성장 중이다. 잉여 수익도 있으니 더 큰 성장 목표를 세우고 재투자하고 싶은 상황도 있을 수 있다. 이럴 때는 평소라면 불가능한 대범한 선택지도 포함해 검토해 보겠다는 자세로 토론을 시작할지도 모른다. 이처럼 배경을 다 함께 공유하면 왜 지금 이 논의를 하려고 하는지에 대한 인식이 같아진다.

그런데 대부분의 토론은 논의를 하는 이유에 대한 분명한 이해 없이 진행되고 있는 듯하다. 한참 토론을 하다가 "왜 이 얘기를 하고 있지?" 하는 식이다. 눈높이를 맞춰야 이 부분이 명확해진다.

다음 장에서도 예시로 나오는데, 내년도 중도채용과 관련된 계획을 제안한다고 가정해 보자. 올해도 그렇고 매년 중도채용을 하고 있다면 논의에 들어가기 전 배경으로, 올해 실제 해 보고 좋았던 점과 별로였던 점 등을 정보로 넣어 둔다. 그러면 이어지는 논의 부분에서도 현 상황이나 과제를 둘러싼 눈높이가 같아진 상태에서 건설적인 토의를 할 수 있게 된다.

이 밖에도 이 책처럼 책을 출간하는 일과 관련해 출판사 관계자와 회의하는 상황이 생길 수도 있다. 자기가 원하는 책을 만들고 싶다면 배경 부분에 자신의 인생과 경력, 책 출간 작업에 대한 생각 등을 분명히 밝힌다.

이런 식으로 1페이지를 작성하다 보면, 1페이지라는 작업이 절대 단순하지 않을뿐더러 배경 부분도 그저 정보만 채우는 작업이 아님을 이해하게 될 것이다. 그저 정보만 정리하는 수준으로는 다른 사람을 끌어들이거나 행동하게 만드는 힘을 발휘할 수 없다.

CHAPTER 11

'토의 포인트'에 원리원칙도 넣는다

사업을 어떻게 할까? 조직을 어떻게 운영할까? 구체적인 선택지 중에 어떤 계획을 선택할까? 비즈니스를 전개하다 보면 이처럼 수많은 질문에 부딪히는데, 결국은 '무엇을 할까?'로 귀결된다. 이 질문에 대한 답을 찾고자 논의하며 합의점을 찾아가는 과정이 ③ 토의 포인트다.

처음부터 선택지를 나열할 수도 있지만, 나는 토의 포인트의 서두에 어떤 식으로 사고할지 원리원칙을 넣는다.

예를 들어 '비즈니스 성장' '매출 성장 재가속화'라는 목적 아래 사업 계획을 토의한다면 목적에 이르는 방법은 실로 다양하다.

많은 방법이 선택지로 나올 텐데, '어떻게 결정할까?'라는 원리원칙을 먼저 토론하는 것이다. 어떻게 결정할지를 합의해 두면 이어지는 토의가 매우 수월하다.

이렇게 원리원칙을 정해 두면 선택지를 쭉 나열했을 때 '이 원리원칙에 맞추면 이것'이라는 식으로 방향을 정하기가 편하다. 1페이지에 원리원칙을 적어 두고 구체적인 선택지보다 먼저 언급해 두면 논의가 매끄러워진다.

선택지를 나열한 뒤에는 각 선택지의 장단점을 따져보면서 최종 결정에 이른다. '프로스콘스Pros&Cons(장단점)'라고 불리는 과정이다. 어떤 안으로 할까? 이유는? 위험 요소는? 결정권자는 어떻게 생각할까? 이러한 사항을 의식하며 계획 제안에 적용해 간다.

또 나는 실제 토의를 할 때 중요한 사람일수록 일부러 먼저 발언하도록 한다. 회의 진행을 주도하는 입장이라면 "어떻게 생각하세요?" "다른 선택지가 있을까요?" 등 일부러 적극적으로 화두를 던진다. 되도록 토론에 활발히 참여하게 함으로써 '함께 결정했다'는 의식을 상대방에게 심어줄 수 있다. 그러면 다음 진행 단계로 넘어갔을 때도 도움을 받을 수 있다.

그래서 되도록 미팅 초반부에 중요한 이해관계자stakeholder의 의견을 유도하는 편이다. 적극적으로 말하는 사람이 있는가 하면, 지명하지 않으면 입을 열지 않는 사람도 있다. 그래서 1페이지를 활용해야 한다.

예를 들어 중요하다고 여겨지는 부분이 있으면 미리 1페이지에 적어 둔다. 그리고 '이 사람과는 이 부분에 대해 확실히 눈높이를 맞춰야 해'라는 사람에게 화두를 던진다. "저는 이렇게 이해했는데 맞나요?" "수정이나 보충할 게 있으면 말씀해 주세요"라는 식으로 말이다. 매우 강력하고 효과적인 방식이다.

토론에 참여해 중요한 부분에서 의견을 말했는데 내가 말한 의견을 토대로 계획이 결정되면 그 토론은 내 것이 된다. 그야말로 적극적으로 사람을 끌어들여 합의점을 찾고 앞으로 나아가는 미팅이 되는 것이다.

또 내가 묻고 싶은 질문을 써넣고 'to ○○○'라고 의도적으로 이름을 적기도 한다. 이름은 질문하고 싶은 내용이 나온 부분에 적는다. 당사자는 처음에 자기 이름을 발견하고 가슴이 덜컹할지도 모른다. 하지만 '아, 이걸 나한테 물어보려는 거구나'라고 미리 알게 되면 준비할 수 있다.

질문 내용을 1페이지에 미리 적어 두는 것이 비결이다. 앞에서도 말했지만, 미팅 참가자도 1페이지를 보며 핵심 포인트나 질문을 체크하고 있기 때문이다. 여기서 나한테 의견을 물어보겠구나, 하고 예상할 수 있다. 그러면 무심코 생각하기 시작한다. 최소한 질문했을 때 '왜 저런 걸 묻지?'하는 반응은 나오지 않는다.

사람은 누구나 재치있고 똑똑해 보이길 원한다. 갑자기 질문을 던져서 제대로 대답하지 못하면 뭔가 창피를 당한 듯한 느낌이 들게 마련이다. 그래서 일부러 입을 다물거나 트집을 잡기도 한다. 대답을 잘 못 해서 기분이 상하면 이야기는 거기서 끝이다.

이러한 위험을 피하고 중요 포인트에 관해 적확한 이야기를 듣고 싶다면 말하기 편한 환경, 말하기 편한 질문법을 미리 머릿속으로 그리며 준비해 두어야 한다. 물론 토론 중에 질문하고 싶은 포인트가 생기기도 하므로 미리 준비해 둔 포인트와 현장에서 떠오른 질문이 혼재하는 건 당연하다. 이 모든 걸 의식하며 1페이지를 작성한다.

CHAPTER 12

'넥스트 스텝'에 꼭 필요한 3점 세트

1페이지의 마무리는 ④넥스트 스텝이다. '언제까지?(기한)', '누가?(담당자)', '무엇을?(행동)'의 3점 세트가 필요하다.

주의할 점은 토론 후 넥스트 스텝 이야기를 제로부터 시작하는 것이 아니라, 1페이지 작성 단계에서 나름의 가설을 세워 두는 것이다. 넥스트 스텝이란 프로젝트를 어떻게 진행하고 싶은가, 라는 의사 표현이기 때문이다.

이야기를 나누며 그 자리에서 쓰는 것이 아니라, 처음부터 '누구에게, 언제까지, 어떻게 움직이게 해서 진행할지' 나름의 제안을 분명히 적는다.

물론 여러 차례 미팅을 거치며 바뀔 수도 있다. 그러나 비록 가설일지라도 계획이 있어야 이야기가 빠르다. 만약 아무런 토대가 없이 미팅 도중에 넥스트 스텝을 정하려고 하면, 언제 시작할지, 발매 일정은 언제가 좋을지 등의 커뮤니케이션이 시작돼 눈 깜짝할 새에 30분이 지나가 버린다.

가설이라도 좋으니 어느 정도 적절한 넥스트 스텝이 적혀 있으면 "아니, 이건 일주일 더 연장합시다."처럼 보다 최종 결정에 가까운 토론이 가능하다.

따라서 내가 생각하는 최고의 타이밍이라도 좋으니 반드시 기입하도록 한다. 이건 나도 자주 겪는 일인데, 넥스트 스텝을 작성하기 너무 어려울 때가 있다. 그래도 어디까지나 하나의 안으로서, 팀원들의 인풋을 위해 넣는다 생각하고 기재한다.

넥스트 스텝을 명확하게 확인하지 않고 대충 얼버무리면 나중에 문제가 될 수도 있다. 속도나 생산성이 좀처럼 오르지 않는다면, 미팅에서 이것이 제대로 이루어지지 않았을 가능성도 있다. 누가 무엇을 할지 분명히 하지 않은 탓에 다음 미팅 때까지 아무 진척도 없는 사태가 벌어지고 만다. 따라서 1페이지에서 넥스트 스텝이 갖는 의미는 매우 크다.

물론 고객이 관여하는 작업 등은 그에 대한 배려도 필요하다. 그러나 여기에도 자신의 의견은 있어야 한다. 물론 너무 무리하면 이렇게 말도 안 되는 일정이 어디 있냐는 식의 부정적인 반응이 나올 수 있으므로 상대방 입장에 서서 상상할 필요가 있다.

반드시 확정적일 필요는 없으니 이 정도면 프로젝트 전체를 관리하기에 적절하다 싶은 일정을 고려해 기한과 담당자, 그리고 행동 이 세 가지를 넣도록 한다.

여기서 주의해야 할 점은 넥스트 스텝에 자기 업무만 잔뜩 써넣는 사람이 적지 않은데, 그래서는 안 된다는 것이다. 배려하는 마음 때문이겠지만 그러면 별 의미가 없다. 본인의 업무뿐 아니라 주위 사람도 주체성을 가지고 움직이도록 해야 한다. 넥스트 스텝을 쓰는 이유는 역할 분담을 통해 주위를 끌어들임과 동시에 전체를 앞으로 나아가게 하는 것이기 때문이다. 따라서 어떤 역할을, 누구에게 부탁할지 하는 부분도 매우 중요하다.

용기가 필요한 일이긴 하다. 타인의 이름을 적고 심지어 날짜까지 기입하면 실례가 아닐지 신경 쓰는 사람도 있다. 물론 이런 기업 문화를 가진 회사도 분명 있을 터다. 그러나 그것을 뛰어넘어, 대충 얼버무리지 말고 넥스트 스텝을 명확히 해야 위험보다 얻는 것이 크다. 위험은 절대로 제로가 되지 않는다. 때에 따라서는 '어라?' 하고 반응하는 사람도 있을 수 있지만, 그런 반응이 오더라도 프로젝트가 앞으로 전진하는 게 훨씬 낫다. 그래야 비즈니스에서 서로 좋은 성과를 올릴 수 있다.

결과적으로 관여한 사람이 좋은 평가를 받으면 서로에게 플러스가 된다. 용기가 필요하지만 기한(언제까지?), 담당자(누가?), 행동(무엇을?) 3점 세트는 반드시 넣도록 하자. 이것이 1페이지에 대한 나의 생각이다.

또 한 가지 주의점은, 중요한 마일드스톤(중간 이정표–옮긴이)이 있을 때는 확실히 인식을 공유해야 한다. 이것도 앞에서 조금 다뤘는데, '2주 후 사장님 제안' 등의 일정이 있을 때는 1페이지 맨 아래쪽에 있는 넥스트 스텝이라 할지라도, 미팅 시작과 동시에 바로 말하기도 한다. 미팅 서두에 오늘 정하지 않으면 마감을 지킬 수 없다고 공지하면 모두가 긴장감을 갖고 논의에 집중한다.

또 고객과 비즈니스 상담을 할 때는 상대 기업의 사내 결제 같은 중요 절차나 타이밍을 체크해서 넥스트 스텝에 반영한다.

PART 3.

오늘의 업무부터 인생 설계까지: 다양한 1페이지 활용법

CHAPTER 1

6개 카테고리, 15개 사례로 살펴보는 바로 활용 가능한 1페이지

이번 장에서는 1페이지란 무엇이고, 어떤 식으로 활용해야 하는지 구체적인 사례를 통해 설명하려고 한다.

사내 미팅	**외부 미팅**
일대일 미팅	**전략 정리**
배움 축적	**인생·커리어 계획이나 상담**

1페이지의 사용 카테고리는 이렇게 여섯 개로 나눌 수 있다. 실제 사용한 1페이지를 바탕으로 작성한 것도 있지만, 어디까지나

출간을 위해 다듬은 가공의 내용임을 먼저 밝힌다.

여담이지만, 본래 영문이었던 자료도 있다. 간결하고 단적인 단어로 정리할 수 있다는 게 영어의 큰 장점이다. P&G나 페이스북 같은 외국계 기업에서는 1페이지를 영어로 작성했고, 라쿠텐에서도 외국인 부하 직원과 소통할 일이 많아서 영어를 사용했다. MOON-X는 일본 기업 파트너나 고객이 많아서 지금은 주로 일본어로 1페이지를 만든다.

CHAPTER 2

사내 미팅①

사내 사업 계획 제안

사업 성장 계획을 토의·합의하는 미팅에서 사용

우선은 사업 성장을 도모하는 미팅에서 사용하는 1페이지를 이야기한다. 어시스턴트 브랜드 매니저로서 테스트 계획을 제안한다는 가정 아래 1페이지를 만들어 봤다.

회사의 임원진에게 현재 업계 1위인 경쟁 브랜드에 맞서 점유율 1위를 차지하기 위해서는 사업 성장을 가속화하는 테스트 계획을 실시해야 한다고 제안하는 사내 미팅용 1페이지다.

제목은 〈No.1 브랜드 달성을 위한 테스트 계획 제안〉이라고 직관적으로 표현했다. 1페이지에는 여러 가지 구성 요소가 있는데, 말할 필요도 없이 제목은 매우 중요하다. 무엇을 위한 1페이지인지 단적으로 표현해야 한다.

'테스트 계획'이라는 단어만 보고는 어떤 테스트인지 알 수 없다. 'No.1 브랜드'라는 키워드를 넣어서 무엇을 달성하기 위한 토의인지 한눈에 알 수 있도록 한다. 과감한 도전을 향한 기대감을 전하려는 의도도 있다.

첫 번째 항목은 목적이다. 사실 아래에도 목적이 계속 나오긴 하지만, 처음에 나오는 건 '이 미팅의 목적'이고 아래에 있는 건 '사업 목적'이자 '사업적으로 달성하고자 하는 목표'다. 물론 최종 목적은 후자의 '비즈니스 목적'이다. 그러나 최종 목적 실현을 위해 이 미팅에서는 무엇을 어디까지 결정할지, 이 미팅에서 무엇을 달성하고자 하는지 분명히 하고자 '이 미팅의 목적'을 넣었다.

미팅 그 자체의 목적과 프로젝트의 목적이 같을 수는 없다. 따라서 일부러 '미팅의 목적' 그리고 '사업 목적'이라고 나눠 적었다. 이렇게 함으로써 둘을 혼동하지 않을 수 있다.

그 뒤에 오는 '비즈니스 배경'에는 지금 상황이 어떤지, 왜 지금 테스트 계획이 필요한지 적었다. 사업은 대단히 호조다. 전년 동월 대비 20퍼센트 넘게 성장했다는 사실을 넣어 지금 기세로 밀고 나가자는 메시지를 전했다.

그러나 여전히 경쟁사와의 점유율 차이가 만만치 않다는 사실도 잊지 말아야 한다. 그래서 이 차이를 좁히기 위해서는 다양한 전략을 짜야 하고 강력한 계획을 실시할 필요가 있으므로 이 미팅을 통해 계획을 제안한다는 스토리다.

문장으로 정리해도 되지만, 한 줄씩 짧고 간결하게 정리하는 편이 읽는 이에게 정확히 전달된다. 줄 시작 부분에는 'l'를 넣는다.

두 번째 목적은 '비즈니스 목적'이다. 앞서 다뤘듯이 사업의 목적이자 달성하고자 하는 목표이다. 애당초 설정했던 업계 점유율 1위 획득이라는 비전을 1년 앞당겨 보자는 내용이다.

이 테스트 계획의 목적은 이 목표를 달성하기 위해서라는 것을 분명히 밝혀야 한다. 바꿔 말하면 테스트 계획이 있을 때와 없을 때 분명 차이가 존재한다.(제2장 '551호라이 작전' 참고) 즉 테스트 계획이 있으면 그것을 실행해 사업을 가속화시키는 필승 전략을 연내에 발견하고, 내년에 이 전략을 시행해 목표 달성을 앞당길 수 있게 된다.

다음은 '토의 포인트'다. 이때는 두 가지 항목을 제시했다. '계획 작성 시의 기본 사고방식(원리원칙)'과 '계획의 선택지와 추천안'이다. 구체적인 토론으로 들어가기에 앞서 어떤 원칙에 근거해 계획을 생각했는지 적었다.

계획에는 여러 관점과 사고방식이 있을 수 있다. 그 가운데 어떤 사고방식에 근거했는지를 공유함으로써 토의의 근간이 되는 부분에 대한 눈높이를 맞출 수 있다. 그리고 이 원리원칙은 앞에 기재한 비즈니스 목적과도 일관성이 있어야 한다.

무언가를 결정해야 하는 미팅이라면 원리원칙을 써 두는 것이 효과적이다. 다양한 아이디어가 나왔을 때 어떤 기준에 맞춰 최종 판단을 할지, 원리원칙이 있으면 그것에 근거해 결정의 폭을 좁혀 나갈 수 있기 때문이다. 원리원칙이 없으면 논의가 여기저기로 튀어서 수습이 어려워진다. 장시간의 브레인스토밍 같은 회의라면 얘기가 다르겠지만, 단시간에 밀도 높은 미팅을 해야 한다면 원리원칙을 미리 정해 1페이지에 넣어야 한다. 구체적인 테스트 계획 제안 내용은 '계획의 선택지와 추천안' 항목에서 표로 정리했다. 표나 차트는 한눈에 쏙 들어와서 나는 자주 활용한다.

테스트 계획으로 미디어 노출량 대폭 확대, 대규모 샘플링 실시, 신규 광고 캠페인 전개 등 세 가지 계획을 제시하고, 각각의 자세한 내용을 'WHO' 'WHAT' 'HOW'의 프레임워크를 사용해 설명하면서 비용이 얼마나 드는지도 기재했다.

이러한 표를 보면서 토론을 진행하게 된다. 토의에 앞서 생각해야 할 요점을 표 아래에 추가했다. 물론 '팀이 원하는 계획은 무엇인가?'라는 팀 전체의 의지와 이유도 포함돼 있다. 이런 요소들이 있어야 토의가 건설적인 방향으로 진행된다.

마지막은 '넥스트 스텝'이다. 예상 일정을 적었다.

이번 사례는 비즈니스 가속화를 위한 테스트 계획을 사업 상층부에 제안하는 미팅에서 사용하는 1페이지다. 어떻게 설득력 있는 제안을 하고, 추진할 것인지 철저히 준비할 필요가 있다.

어떤 배경이 있고 '목적'이 무엇이고 계획의 구체적인 선택지에는 어떠한 것이 있으며 무엇을 토의해 어떤 넥스트 스텝으로 나아가야 하는지 제시한다. 이 모든 내용을 1페이지로 정리하면 과하거나 부족함 없이 모두 다룰 수 있다.

2022년 7월 1일

No.1 브랜드 달성을 위한 테스트 계획 제안

미팅의 목적

- 'No.1 브랜드' 실현을 위해 필요한 2022년 테스트 계획의 방향성을 합의하고 Next Step을 확인한다.

비즈니스 배경

- 2022년 봄에 출시한 신제품의 판매 호조로 브랜드 A는 전년 동월 대비 20%가 넘게 성장했다
- 업계 1위인 경쟁 브랜드 B와의 간격은 점점 좁아지고는 있지만, 아직 5포인트 이상 차이가 난다.
- 뿐만 아니라 과거 경험으로 미루어 볼 때 시장 점유율이 감소 중인 브랜드 B의 반격이 예상된다.
- 따라서 업계 No.1이 목표라면, 2023년을 위해 더 강력한 계획을 준비할 필요가 있다.

비즈니스 목적

- 사업 목표보다 1년 빨리, 2023년에 업계 No.1 브랜드 자리에 오른다.
- 이를 위해 히든카드가 될 계획의 검증을 올해 안에 완료하고 2023년 사업 계획·예산에 반영한다.

계획 작성 시의 기본 사고방식(원리원칙)

- Key Issue Focus: 향후 성장 과정에서 극복할 사업 과제 해결과 직결될 것
- Fewer&Bigger: 소소한 계획을 자주 실시하기보다, 큰 효과가 예상되는 대규모 계획으로 압축할 것
- Actionability: 특히 실행에 필요한 리드타임[a]과 예산의 관점에서 2022년 안에 실시 할 수 있을 것.

계획 선택지와 추천안

과제	인지Awareness	시용Trial	이미지Perception
PLAN	1)미디어 노출량 대폭 확대	2)대규모 샘플링 실시	3)신규 광고 캠페인 전개
WHO	미디어 광고에 크게 반응하는 경쟁사 제품 사용자	사용감을 중시하는 견실한 소비자층	카테고리에 흥미를 잃은 소비자층
WHAT	획기적인 신제품 출시 예고	실제 사용해 보고 탁월함을 실감하도록 한다	기능면에 감정적 편익을 더해 전한다
HOW	10~12월 지역 한정으로 TV 광고를 2~3배 늘림	지역을 한정해 샘플 20만 개 배포	내년 봄의 신규 캠페인을 10월로 앞당긴다
예상 비용	1~2억 엔(미디어 비용)	6,000만~1억 엔(제품+배포 비용)	3,000만~5,000만 엔(제작비)

- 팀 추천
  - 1) 시용(Trial)을 촉진한다
  - 2) 샘플링 계획 실시
- 이유
  - 1) 사용해 보면 제품의 우위성을 실감한다는 사실은 이미 테스트로 증명됐다(*통계적 우위차 확인)
  - 2) 상반기 실시한 샘플링 계획에서도 비용을 웃도는 수익 실적이 있었다
  - 3) 지역을 한정함으로써 정확한 플랜 효과 측정이 가능하다.
- 위험 요소
  - 샘플 제품 확보(위험 레벨 하: 거의 문제 없다고 생산부와 확인 완료, 7월 말 확정)
  - 배포 채널 확보(위험 레벨 중: 여러 업자에 견적 의뢰 중, 7월 말 판단 가능)
  - 예산 확보(위험 레벨 하: 상반기 이익 상승 활용, 영업부와 매출 전망 확인 완료)

NEXT STEP

- ~7/31 General Manager에게 계획 최종 승인 → 샘플 제품 준비, 업자 결정
- 10/1~11/30 샘플링 계획 실시(*지역은 인구 분포 및 실시 가능성 등을 참고해 결정)
- ~12/15 효과 검증 및 2023년 예산·계획 제안
- ~1/15 2023년 마케팅 계획과 예산 확정

하세가와 신(어시스턴트 브랜드 매니저)

※위 예시는 가공한 내용이다※

---

a 물품 발주부터 사용이 가능할 때까지의 기간

CHAPTER 3

사내 미팅②

사내 조직 시책 제안

부문장에게 프로젝트 보고를 하고 내년도 승인을 받을 때 사용

1페이지는 사업 관련 제안뿐 아니라 조직 관련 시책을 논의할 때도 활용할 수 있다.

중도채용 프로젝트 리더가 부문장에게 내년도 채용을 어떻게 할지 제안하고 승인을 얻는 데 필요한 1페이지를 만들어 보았다.

제목은 있는 그대로 〈2023년도: 마케팅 본부 중도채용 계획 제안〉이다. 채용 프로젝트팀이 부문장에게 제안하는 설정이다. 채용 자체는 매년 실시하는 일이라 기본적인 이해는 공유하고 있다는 전제라서 1페이지의 뼈대도 간단히 네 개로 했다. '(확인) 미팅의 목적' '(공유) 2022년 돌아보기' '(토의) 2023년 제안' '(확인) 넥스트 스텝'이다.

먼저 '(확인) 미팅의 목적'부터 살펴보자. 오늘 미팅에서 무엇을 하고 싶은지 두 가지를 분명히 한다.

다음으로 '(공유) 2022년 돌아보기'. 올해 성과는 만족스러운가? 채용 과정의 단계별 평가는 어떠했는가? 내년에 적용할 교훈은 있는가? 이러한 내용을 기재한다.

이때는 단계별 평가를 단적으로 나타내려고 평가 부분을 표로 만들었다. 무엇을 잘했고 무엇이 부족했는지 한눈에 알 수 있다.

그러고 나면 내년엔 어떻게 할지로 넘어간다. '(토의) 2023년 제안'에서 먼저 목표를 적었다. 내년 중도채용 목표 인원수는 24명이다. 채용 인원을 두 배로 늘리겠다는 야심 찬 목표다. 당연히 질적인 면에서도 타협은 없다. 이를 위한 전략 제안인 것이다. 어떤 식으로 접근할 것인가? 이를 위해 필요한 경영 자원은 무엇인가?

접근 방법에서는 구체적으로 어떻게 움직일지를 기재하고 핵심 포인트는 하이라이트(예시에서는 음영 부분)로 강조한다. 또 중도채용 프로젝트에서는 인원 및 예산 승인이 하나의 포인트가 되므로 필요한 인적·금전적 자원을 명확히 제시한다. 그리고 마지막이 '(확인) 넥스트 스텝'이다.

중도채용은 통상 사업 운영과 다른 추가 시책이니 인적 자원과 예산 확보가 관건이다. 이를 위해서는 전제가 되는 목표 및 방향성을 둘러싼 합의를 일찌감치 끝내는 것이 중요하다는 점을 염두에 두고 작성한 1페이지다.

이상 경영진 상대의 사업 제안, 조직 부문장 상대의 제안 등 '제안'이 테마인 두 가지 사례를 소개했는데, 사실 나는 대부분의 사내 미팅에서 1페이지를 사용했으며 지금도 활용 중이다. 예를 들면, 다음에 소개하는 부하 직원과 매주 하는 팀 미팅, 1년 동안의 사업을 총괄하고 결산 정보를 공유하기 위해 여러 부서와 함께 하는 공동 미팅, 재무회계팀과 연간 예산을 토의하는 미팅, 글로벌 조직의 대폭적인 구조 쇄신을 검토하는 미팅, 본사 관리자층의 일본 방문을 앞두고 목적과 의제를 비롯해 준비 절차를 확인하는 미팅 등에서 1페이지를 활용한다.

1페이지를 사용하면 언뜻 까다로워 보이는 미팅도, 정보를 정리하고 생각을 다듬으며 준비하는 동안 미팅에 대한 두려움이 사라지는 것을 느낄 수 있을 것이다.

2022년 11월 15일

2023년도: 마케팅 본부 중도채용 계획 제안

확인) 미팅의 목적

- 이번 2022년 중도채용 활동과 관련해 좋았던 점·부족했던 점을 돌아본다.
- 위에서 돌아본 내용도 포함해 2023년도 목표 및 계획을 토의·합의한다.

(공유) 2022년 돌아보기

- 결과: 실제 채용 인원이 연초에 정한 채용 목표 인원을 웃돌았다.
  2022년 중도채용 목표 인원=10명 vs. 실제 중도채용 인원=12명
  채용 인원뿐 아니라 입사 후 활약도 두드러진다.(*경영진의 평가)
- 단계별 평가

단계	평가	좋았던 점	부족했던 점
적격 심사	×	· 없음	· (양)애당초 응모자 수 부족 · (질)응모자 중 10% 정도만 다음 단계로 이행
워크숍	△	· 참가자 만족도는 매우 높음(95% 이상) · 선발을 통과한 인재의 질은 높음	· 1회당 참가자 수가 적음(10명 정도) · 휴일 출근하는 사원의 부담이 큼(총 12회)
면접& 오퍼	○	· 통과한 인재의 오퍼 수락률은 높음 · 면접을 거쳐 입사한 인재는 맹활약 중	· 없음

- 내년에 적용할 교훈
  - 적격심사 단계에서 질적으로 우수한 응모자를 더 많이 모을 필요가 있다.
  - 워크숍 내용은 좋지만, 회당 참가자 수가 적어서 비효율적이다.

(토의) 2023년 제안

- 목표: 2023년 중도채용 인원 목표=24명(*질적인 면도 당연히 타협 없음)
- 접근 방법:
  - 모집 시의 'QUANTITY&QUALITY' 높이기
    - 중도채용 모집 중이라는 사실 자체가 알려져 있지 않으므로 타깃층에 알린다.
    - 인재 소개 에이전시에 재차 브리핑해서 응모자의 질과 양 모두를 높인다.
  - 선발 시의 'BIGGER&FEWER' 추진
    - 워크숍 회당 참가 인원을 현재의 10명에서 30~50명 정도로 늘린다.
    - 워크숍 빈도를 매월에서 격월로 변경해 휴일에 출근하는 사원의 부담을 줄인다.
  - 기타 순조롭게 작동하고 있는 부분은 'NO CHANGE'
    - 적격심사·워크숍·면접의 엄격한 선발 기준은 변경하지 않는다.
    - 워크숍 콘텐츠나 면접의 인선·포맷은 변경하지 않는다.
- 필요 자원:
  - 인적 자원
    - 기본적으로는 2022년과 동일 수준
    - 선발 과정을 'Bigger&Fewer'로 효율화함으로써 같은 인원으로 두 배의 성과를 노린다.
    - 리더 1명(하세가와), 프로젝트 멤버 4명+인사 지원 1명
    - 멤버는 Assistant Brand Manager 중에서 의향을 물어 상사 확인 후 결정
  - 예산
    - 2022년 예산 1,000만 엔 → 2023년은 1,500만 엔으로 증액
    - +500만 엔의 내역은, 채용 광고(주로 기사 광고) 400만 엔+채용 페이지 갱신 100만 엔
    - 워크숍 참가 인원 증가로 발생하는 비용 상승은 빈도 감소에 따른 삭감으로 상쇄
    - 채용 결정 시의 에이전시 소개료는 각 사업부 부담(2022년과 동일)

(확인) NEXT STEPS

- ~12/31 인재 소개 에이전시에 2023년 계획 설명, 프로젝트 멤버 확정
- 1/15 채용 광고 개시, 채용 페이지 갱신

하세가와 신(중도채용 프로젝트 리더)

※위 예시는 가공한 내용이다※

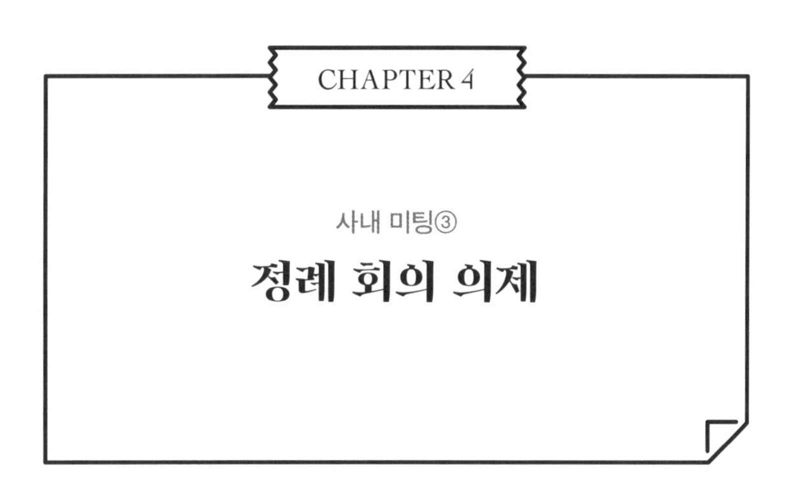

CHAPTER 4

사내 미팅③

정례 회의 의제

원활한 주간 미팅 진행을 위해 사용

6명의 팀원을 이끄는 팀장이 매주 있는 '팀 미팅'에 쓸 1페이지를 준비한다고 상정하고 만들어 보았다. 2023년 새해 첫 팀 미팅 1페이지다.

미팅 자체는 매주 하지만, 핵심은 토론거리가 넘칠 때가 꽤 많다는 점이다. 따라서 빠뜨리는 내용 없이 팀 전체의 의식을 통일시키기 위해서라도 1페이지를 만들어 공유하는 일은 유의미하다.

또 세간의 정례 미팅 중에는 그럴듯해 보이지만 사실은 속이

텅 빈 미팅도 많다. 그런 미팅이 되지 않기 위해서라도 의식적으로 팀원 모두가 공유할 수 있는 주제를 넣거나 팀 전체가 매달려야 하는 주제로 범위를 좁혀서 강약을 준다. 그때그때 팀 전체가 알아야 할 내용, 팀 전체에 중요한 내용은 반드시 다룬다.

구성은 크게 네 가지로, '미팅의 목적' '(공유&확인) 비즈니스' '(공유&확인) 조직 주변' 그리고 '가벼운 대화'다.

각 항목에 시간 배분 기준을 적는다. 가령 미팅에서 나와 관계없는 프로젝트 이야기가 끝도 없이 계속된다면 어떻겠는가? 발표자를 제외한 나머지 사람들은 견디기 힘들 것이다.

따라서 시간을 명확히 구분해 둔다. 그러면 적혀 있는 시간을 의식하며 운용하게 된다. 1페이지가 정해진 시간 안에 다뤄야 할 내용을 모두 다룰 수 있도록 도와주는 도구가 되는 셈이다.

'(공유&확인) 비즈니스'에서는 우선 1월의 중요한 팀 전체 일정을 표로 만들었다. 특히 의식한 점은 표 가장 아래에 있는 '(전체 질문)'이다. 표에서는 굵은 이탤릭체로 되어 있는데, 컬러로 출력할 수 있다면 파란색 글자로 한다.

매주 하는 미팅과는 별개로 한 달에 한 번 하는 월간 팀 미팅도 있다. 거기서는 좀 더 큰 주제, 중장기에 걸친 주제를 다룬다. 월간 미팅에서 팀원의 아이디어를 참고하면 좋은 토론이 되겠다 싶어서 미팅 초반에 모두에게 질문을 던졌다.

또 특별히 중요한 프로젝트는 매주 진행 상황을 확인해서 서로 눈높이를 맞춘다. 그리고 담당 팀원에게 요청하거나 지시할 사항이 있으면 기입한다. 진행할 때 이 부분을 확인했으면 좋겠다고 팀원에게 전하는 메시지다. 이 부분도 다른 색깔로 표시한다.

'(공유&확인) 조직 주변'에서는 팀 전체 전달 사항이나 지시 사항을 간략하게 정리한다. 마침 하반기가 끝나서 평가 시즌에 들어가는 시기이므로 무엇을 해야 하는지, 또 본부 전체적으로 이런 프로젝트가 있으니 관심 있는 사람은 손을 들어달라는 내용을 넣었다. 팀 신년회 등 비교적 가벼운 주제도 포함해서 다시 시간을 내서 미팅을 잡을 필요가 없게 했다.

'가벼운 대화'는 이번 미팅에만 있는 스페셜 토픽이다. 새해 첫 정례 회의이기도 해서, 한 명씩 연말연시 휴가 근황을 공유하고 새해 다짐을 발표하는 시간을 가졌다. 30분 동안 6명이 돌아가며 말해야 하므로 한 명당 5분. 이 부분은 정확히 시간을 배분하지 않으면 모두가 발언하기 어려운 만큼 시간 엄수라고 적어 뒀다.

이번 1페이지를 보면 팀원 모두에게 하는 질문도 있고, 프로젝트 담당자에게 개별적으로 부탁하는 메시지도 있다. 이는 결국 팀원들과 대화를 주고받아야 한다는 뜻이다. 혼자만 발언하는 게 아니라 상호작용이 이루어지는 미팅이 되어야 한다. 심지어 대화 상대는 팀원 전체다.

한 사람만 일방적으로 말하다 끝나는 미팅은 에너지 레벨이 점점 떨어지기 마련이다. 상호작용을 하거나 신년회처럼 부드러운 주제를 넣으면 에너지 레벨이 올라가 다뤄야 할 주제를 시간 안에 전부 소화할 수 있다.

2023년 1월 9일

2023년 첫 주간 팀 미팅

HAPPY NEW YEAR&WELCOME BACK!!!
올 한 해도 잘 부탁합니다!!!

미팅의 목적

- (공유&확인) 1월 업무 일정·넥스트 스텝 확인 20분
- (공유&확인) 1월 조직 주변 일정·넥스트 스텝 확인 10분
- (가벼운 대화) 연말연시 휴가 근황 공유·새해 다짐 30분

(공유&확인) 비즈니스: 20분

날짜	중요 회의	의제·목적
1월 10일	경영 회의	프로젝트A와 관련 경영진에게 승인을 받는다.
1월 11~13일	워크숍	2023년 하반기 계획과 관련해 집중적인 아이디어 발굴한다.
1월 17일	영업·생산 회의	2023년 상반기 매출의 착지점 상정을 합의하고 생산 계획에 반영한다.
1월 24일	경영 회의	프로젝트B와 관련 경영진에게서 승인을 받는다.
1월 30일	월간 팀 미팅	한달에 한 번 팀 전체가 모여 비즈니스·조직에 대해 토의한다.

★(전체 질문) 월간 팀 미팅에서 토의하고 싶은 사항이 있나요?

1. 프로젝트A
   - 프로젝트 리드: X 씨
   - 마일드스톤: 1월 10일의 경영 회의에서 승인을 받는다.
   - ***X 씨에게 부탁:*** ***경영 회의 승인 후 바로 움직일 수 있도록 미리 각 부서와 상의해 주세요.***
2. 프로젝트B
   - 프로젝트 리드: 이달부터 Y 씨
   - 마일드스톤: 1월 24일의 경영 회의에서 승인을 받는다.
   - ***Y 씨에게 부탁:*** ***소비자 인사이트가 약하므로 시장조사부·대리점과 심층 조사 부탁합니다.***
3. 프로젝트C
   - 프로젝트 리드: Z 씨
   - 마일드스톤: 2월부터 우수 고객과의 비즈니스 상담 시작
   - ***Z 씨에게 부탁:*** ***고객 반응과 이를 반영한 행동에 관해 다음 주 팀 미팅 때 공유***

(공유&확인) 조직 주변: 10분

1. 작년 하반기 자기 평가
   - 진척: 360도 다면 평가는 완료, 앞으로 자기 평가를 보면서 상사 면담
   - 전체 부탁: 자기 평가를 시트에 기입해 다음 일대일 미팅 때 가져오기
2. 마케팅 본부 중도채용 프로젝트
   - 배경: 프로젝트 멤버로서 어시스턴트 브랜드 매니저 2~3명 모집 중 정식 조직 공헌으로 평가, 워크숍 개최를 위해 1~2개월에 한 번 주말 출근 필요
   - 전체 부탁: 프로젝트 참가에 관심 있는 사람은 다음 주 팀 미팅 전까지 나에게 연락
3. 팀 신년회
   - 간사: Z 씨
   - ***Z 씨:*** ***연락 사항이 있으면 해 주세요. Work Hard, Play Hard합시다.***

가벼운 대화: 30분

1. 연말연시 업데이트·새해 다짐
   - ***전체 부탁:*** ***한 명당 3분 공유+Q&A 2분. 모두가 이야기할 수 있도록 시간 엄수!***

하세가와 신

※위 예시는 가공한 내용이다※

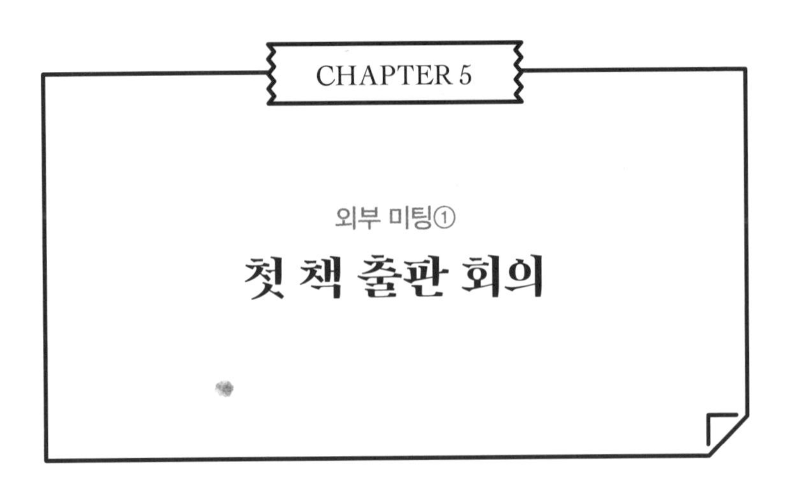

대화를 주고받으며 눈높이를 맞추고 싶을 때 사용

"책을 내보지 않겠어요?" 출판사로부터 이런 제안을 받았다. 그리고 얼마 후 담당 편집자와 첫 미팅을 하기로 했다. 책을 낼까? 내지 않는 게 좋을까? 만약 낸다면 어떤 내용이 좋을까? 모든 가능성을 열어놓고 상담하는 첫 미팅에서 사용한다는 가정하에 1페이지를 만들어 보았다. 이번 1페이지의 포맷이 일반적인 미팅에서 가장 많이 사용하는 형태일 것이다.

'미팅의 목적'은 단순하게 (공유) (토의) (확인) 세 가지다. 그대로 소제목으로 사용했다.

(공유)에서는 '하세가와의 배경·생각'을 전한다. 책을 낸다면 무엇을 위해 내는지, 역시 내 생각과 맥락이 중요하다. 이에 대한 인식이 편집자와 맞지 않으면 서로 갸우뚱하는 반응이 나올 수도 있다. 그래서 내가 지금까지 무엇을 해 왔고 앞으로 무엇을 하고 싶은지, 세상에 무엇을 전하고 싶은지, 분명한 사실과 생각을 전하는 것이 핵심이다.

다음에 오는 (토의)에서는 '출간 테마 후보'를 제시했다. 몇 가지 후보를 제시한 이유는 뭐든 기본 정보나 관심을 끌 만한 내용이 있는 편이 활발한 토론에 도움이 되기 때문이다.

내가 말할 수 있는 범위는 이 정도다. 완벽한 것도 아니고 참고용에 불과하지만, 토론에 도움이 될 만한 정보를 표로 만들어 적극적으로 제시함으로써 의미 있는 대화가 오가는 분위기를 만들고 싶었다.

한편 나는 출판에 대해서는 문외한이다. 따라서 프로 편집자의 솔직한 의견을 듣고자 '(상담) 위에 제시한 내용 외에 독자의 흥미를 끌 만한 테마가 있다면 솔직한 의견 부탁드립니다'라고 명확히 기재했다. 글씨를 굵은 이탤릭체로 했는데, 컬러로 출력 가능하다면 눈에 잘 띄게 파란색이나 빨간색으로 하면 좋다.

(확인)은 '넥스트 스텝'이다. 사실 책이 완성되기까지의 일정은

아마추어인 내가 전혀 모르는 영역이라서 완전히 감으로 적었다. 단, 가정이라도 좋으니 '가을 정도에 내고 싶다'라고 쓰는 것도 의미가 있다고 생각한다. 여기서부터 소통이 시작되기 때문이다.

물론 실제로 어떤 일정으로 진행될지 모르기에 '(질문) 현실성 있는 출판 일정인가요? 중요한데 빠진 단계는 없을까요?'라고 적었다. 그러면 상대의 조언을 듣고 모르는 부분을 메꿀 수 있고 회의를 하면서 넥스트 스텝도 조정할 수 있다.

자신의 책을 출판하는 일은 사실 드문 사례일지도 모른다. 하지만 '이 분야는 잘 모르지만, 소신을 가지고 고집스럽게 추진해 보고 싶다'라는 생각이 들 때가 의외로 많다. 예를 들어 강연이나 세미나 의뢰를 받고 준비할 때도 비슷하다. 청중을 가장 자극하는 내용이 뭔지, 참가자의 관심사를 잘 알고 있는 사람과 이야기하며 결정하고 싶을 때가 있는데, 바로 이런 경우다.

이때 상대방이 나에 대해 잘 모른다면 조언을 해주기가 어렵다. 또 틀리거나 짐작 수준이라도 좋으니 어떤 선택지가 있는지 나름대로 생각해 가면 전문가 입장에서도 힌트가 된다. 그러면 "맞다, 그러고 보니 이런 게 있어요." "이 사람 강연 정말 반응이 좋았어요. 참고가 될지도 모르겠네요." 등의 조언을 얻을 수도 있다.

가령 처음 가게를 낸다고 가정해 보자. '이러이러한 배경이 있어서 가게를 내고 싶다' '아직 잘 모르지만, 이런 선택지를 생각 중이다' '공사나 납기도 인터넷에서 검색해 봤더니 이런 느낌이면 괜찮을 듯하다' '아직까지 망설여지는데, 전문가의 솔직한 의견을 듣고 싶다'. 이럴 때야말로 이번에 소개한 1페이지가 큰 효력을 발휘하는 순간이다.

전문가는 아니지만 도전해 보고 싶은 분야가 있다면, 새로이 한 발을 내딛는 킥오프 미팅 때 이번 포맷를 사용해 보기 바란다.

2022년 1월 26일

책 출간: 킥오프 미팅

집필을 권유해 주셔서 감사합니다. 킥오프 미팅 잘 부탁드립니다!

미팅의 목적

- (공유) 내 라이프워크에 관한 배경·생각 설명
- (토의) 서적화 테마 관련 토론
- (확인) 서적화 진행 시의 향후 절차 확인

(공유) 하세가와의 배경·생각

- 페이스북재팬 대표 퇴임 후 2019년에 MOON-X를 창업해 스타트업 경영 중.
- 한편 '차세대 리더 육성'을 라이프워크로 정하고 활동 중.
- 이유는 커리어 인생 20년 동안, 좌절과 성공을 거듭하며 얻은 경험을 다른 이에게도 전수해 도움을 주고 싶기 때문에.
- 특히 성장 여지가 큰 젊은 기업인이나 직장인에게 자극을 줘서 글로벌 리더로 키우고 싶다.

  〈특별히 전하고 싶은 내용〉
  - 시좌(視座)를 높일 것(글로벌 포함)
  - 스스로 생각하는 힘과 주위 사람을 끌어들이는 힘을 끊임없이 연마할 것
  - 직접 경력 관리를 해서, 이때다! 싶을 때 변화에 뛰어들 것
- 현재의 구체적인 활동은, Twitter나 note를 통한 꾸준한 메시지 발신과 이벤트 강연 등이다.
- 더 많은 이에게 자극을 주고 싶기에 서적화도 적극적으로 검토할 생각이다.

(토의) 출간 테마 후보

- 강연 등에서 이야기하고 있는 내용 중 책의 테마가 될 만한 주제는 다음과 같다.

영역	주제안	설명·아이디어·키워드
비즈니스 기술	비즈니스 전투력	스스로 깊이 생각하는 힘×타인에게 전달하는 힘=비즈니스 전투력
	프레젠테이션	화려한 슬라이드보다 사람을 움직이는 만드는 심플한 프레젠테이션, 준비야말로 생명
	1페이지 사고	자신의 생각을 정리한다. 사람을 끌어들여 움직이게 만든다. 어떤 상황에서도 사용 가능한 필승 '포맷'
경력 인생	인생=프로젝트	P&G에서 배운 프로젝트 매니지먼트 수법을 인생에도 응용, 인생 노트에 사고 축적
	변화를 통한 성장	7+3 CHANGES(TEDx 영상 있음), 경험한 변화+글로벌 트렌드
	스포츠를 통한 배움	리더에게 필요한 것(이기고 싶은 마음만으로는 안 됨), 실패를 통해 배움

★ (상담) 위에 제시한 내용 외에 독자의 흥미를 끌 만한 테마가 있다면 솔직한 의견 부탁드립니다.

(확인) 넥스트 스텝

- 1월 말 오프(오늘)
- 2월 서적화 테마 결정
- 3월 집필 시작
- 가을 발매

★ (질문) 현실성 있는 출판 일정인가요? 중요한데 빠진 단계는 없을까요?

하세가와 신

※위 예시는 가공한 내용이다※

CHAPTER 6

외부 미팅②

파트너십 제안

외부 회사와 비즈니스 상담 시 사용

사업 파트너십을 맺기 위한 1페이지다. 예를 들면 자사 주류 브랜드 'CRAFTX'에서 새로운 크래프트 맥주를 출시하려 한다고 가정해보자. 이를 위해서는 양조공장 최고 경영자에게 맥주 공동 개발·제조를 제안해야 한다. 이러한 상황을 상정하고 이때 사용할 1페이지를 만들어 봤다. 직접 만나서 이야기해야 하는 중요한 제안인 만큼, 이럴 때도 1페이지를 준비해 간다.

'목적' '배경' '토의 포인트' '넥스트 스텝'이라는 1페이지의 큰 뼈대는 여기서도 같다. 단 사내 미팅에서는 '목적' '백그라운드' 등을 항목명으로 써도 상관없지만, 외부 미팅이나 비즈니스 상담에서는 조금 건조하고 당돌해 보일 수 있다.

또 상대가 베테랑이라면 가로쓰기(일본 출판물 대부분은 세로쓰기다-옮긴이)나 외래어를 너무 많이 사용하지 않는 게 좋을 수도 있다. 따라서 항목명도 그때그때 적절한 단어로 바꾼다. 이 역시 머릿속으로 상대를 세세히 상상해야 얻을 수 있는 결과물이다.

예를 들면 비즈니스 상담 첫머리부터 '비즈니스 배경'이라는 딱딱한 표현을 쓰면 확 와 닿지 않을지 모른다. 어쩌면 맥주 업계 관계자는 사무적인 분위기를 좋아하지 않을 수도 있다.

이 또한 상상력이다. 이러한 고민 없이, 계획 얘기를 시작도 하기 전에 딱딱한 비즈니스 느낌을 전면에 드러내면 애써 마련한 상담 자리 분위기가 차갑게 식을 수도 있다. 1페이지를 만드는 과정에서는 이러한 후각 작동이 중요하다.

그래서 예시에서는 '목적'이 아니라 '오늘 이야기하고 싶은 내용은?'이라고 했다. '배경·백그라운드'가 아니라 '(공유) 자기소개·회사 소개'. '토의 포인트'도 '(공유) 이미지하는 전략은?' '(상담) 협업 가능성에 대해'라고 바꾸었다. 넥스트 스텝도 '(확인·초안) 넥스트 스텝'이다.

'(공유) 이미지화 전략은?' 부분에서는 어떤 맥주를 할 것인지,

어디서 제공하고 언재, 얼마나 제조할 것인지 등의 질문을 알기 쉬운 문장으로 교체했다.

삽입 내용의 문장 전개나 서식도 업계나 활동 배경이 전혀 다른 사람도 이해할 수 있도록 주의한다. 경영자가 나보다 나이가 많고 초면인 사람이라면, 언어 사용도 신중히 고려해 준비해야 한다.

정보를 (공유)하는 부분에서는 우선 자기소개·회사 소개부터 한다. 자기소개를 포함해 이곳에서 비즈니스 상담을 하게 된 경위를 정확히 먼저 설명하지 않으면 자칫 당돌해 보일 수도 있기 때문이다. 상대방 입장에서는 IT 기업인 페이스북의 대표를 그만두고 전혀 분야가 다른 맥주 업계에서 무엇을 하고 싶다는 건지 이해가 잘 안 될 수도 있다. 그러니 '아, 그렇구나'라고 수긍하고 흥미를 느낄 수 있도록 전달 방법을 궁리한다.

예시에는 들어가 있지 않지만, 실제 상황이라면 1페이지 뒷면에 새로운 맥주의 구체적인 영감과 아이디어를 추가해도 좋다. 앞에서도 언급했던 '참고 자료(부록)'다. '어떤 맥주에 관심이 있는가?'라는 소비자 인터뷰를 통해 발견한 사실과 해외의 흥미로운 사례 그리고 나름대로 생각한 새로운 맥주의 콘셉트나 디자인 등을 넣어보면 좋을 것이다.

'토의 포인트' '(공유) 이미지화 전략은?' '(상담) 협업 가능성에 대해'에서는 공유와 상담을 명확히 구분한다. 어떤 맥주를 만들 생각인지, 어디에서 제공할지, 언제 그리고 얼마큼의 양을 상정하고 있는지 등의 흐름이 공유다. 그리고 어떤 윈윈 가능성이 기대되고, 어떤 역할 분담으로 진행하기를 원하는지 같은 부분은 상담으로 해결한다.

(상담)에서는 '의도'와 '확인'을 한 줄씩 적는다. 내가 말하고 싶은 내용을 전하고, 하나하나 확인하면서 상대와 눈높이도 맞춰 나가는 이미지다.

그리고 (상담) 항목의 마지막에 (질문) 한 줄을 넣는다. 애당초 협업은 가능한지, 특별히 심혈을 기울이고 싶은 부분은 있는지 등 상대에게 묻고 싶은 질문을 미리 적어서 상대방도 바로 대답할 수 있도록 배려한다.

마지막 '넥스트 스텝'도 고민을 많이 했다. 꽤 빠듯한 일정이지만, 그럼에도 불구하고 솔직하게 적고 테스트 판매 희망 시기까지 명기했다. 전국 판매로 규모를 확대하는 시기도 과감히 적었다.

주관적인 시점으로 무조건 하겠다고 적어봤자 상대는 동조해주지 않는다. 상대방 관점에서 조금만 생각하면, 맥주는 발효 과정이 필요하므로 언제부터 만들기 시작해서 언제 출시한다 같은 시간축이 생명선일 것이다.

또 맥주는 계절을 타기 때문에 여름 성수기 전에는 어느 공장이나 풀가동이다. 이러한 사정을 유념하며 진행하겠다는 의사를 표시하기 위해서라도 타임라인을 쓰는 게 좋다.

얼마나 만들지도 마찬가지다. 처음 상담하는 자리이므로 대충 얼버무리고 싶을 수도 있지만 이 부분 역시 대략적인 가안이라도 적어야 한다. 그렇지 않으면 상대는 제안을 받아들일지 말지 판단하기가 어렵다. 상대방 입장에서 생각해 보면 알 수 있다.

파트너십을 맺어 상대방이 얻게 되는 이점 중 하나는 제조량을 어느 정도 예상할 수 있고, 이로써 매출과 이익이 증가하는 것이다. 그렇다면 얼마나 만들고 싶은지에 관한 논의는 피할 수 없다.

여기까지 파고든 토론을 할 수 있는 것이 1페이지의 힘이고, 작성하는 과정에서 사고를 간결히 다듬은 결과다.

가볍게 정리한 것 같지만 찬찬히 살펴보면 사실 꽤 밀도 있는 내용이라는 것을 알 수 있을 것이다. 만약 이 1페이지 내용을 파워포인트로 작성했다면 여기저기로 이야기가 튀어서 좀처럼 이야기가 정리되지 않았을 수도 있다.

협업 여부를 고민할 때 아마도 상대방은 어떤 맥주를 만들려고 하는지, 수량은 어떤지 등 여러 사항을 폭넓게 이해한 후에 검토할 것이다. 따라서 필요한 정보가 한 장으로 정리되어 있는 편이 판단하기도 쉽다.

반대로 새로운 도전을 앞두고 다방면에 걸쳐 정보를 검토하고 의견을 나누어야 하는 자리에서 쉴새 없이 파워포인트의 슬라이드만 넘어간다면 방금 지나간 게 뭐였는지 기억하지 못하는 상황이 벌어질 수도 있다.

차례로 슬라이드가 전개되는 파워포인트는 때에 따라서는 마지막에 아무것도 기억나지 않을 위험도 있다. 100장 이상의 방대한 자료의 프레젠테이션이 끝나면 기억에 남는 건 고작해야 한두 장 정도가 아닐까? 그렇다고 방대한 양의 페이지를 출력해 간다면 상대방은 뭔가 고맙지만 민폐라고 생각할 수도 있다. 따라서 불필요한 내용은 없애고 핵심 정보만 뽑아 1페이지 한 장에 간결하게 정리해 가는 것만큼 효과적인 방법은 없다고 확신한다.

이렇게 1페이지를 만들다 보면 나에게 부족한 점도 보인다. 예를 들면 맥주에 대한 식견 등이다. 물론 아마추어 수준을 벗어날 수야 없지만 그래도 맥주 회사 출신의 지인과 상담을 하는 등 나름대로 사전 조사를 해야 한다. 그렇지 않으면 터무니없는 수량을 제시하는 등의 일이 벌어질 수 있고, 그러면 합의는 더 이상 기대하기 어렵다.

이 예시의 미팅 예상 시간은 30분이다. 중요한 파트너십 제안도 경영자와의 교섭은 허락된 시간이 30분도 안 될 가능성도 크다. 30분 안에 마음을 확 사로잡아야 하는 셈이다. 단어 사용도 그렇지만, 목적과 시간도 상대에 따라 철저히 계산하고 맞추지 않으면 일이 성사되기는 어렵다.

하지만 어느 상황에서나 1페이지의 기본 사고방식은 같다. 나와 상대방 눈높이를 철저히 맞춘 다음에 말할 내용을 정리해서 하나씩 정확하게 논의하고 확인해 나간다. 이 작업을 최고의 상태에서 수행하기 위해 1페이지를 상대방에 맞게 어떻게 변주할지 고려해야 한다. 외부 미팅이나 비즈니스 상담에서는 이러한 능력이 시험대에 오른다.

2022년 7월 1일

(초안) 협업 제안

바쁘신 와중에 시간 내주셔서 감사합니다. 여러 사안에 대해 허심탄회하게 상담하고 싶습니다.

오늘 이야기하고 싶은 내용은?

- (공유) 자기소개·회사 소개, 향후 협업을 희망하는 사업에 관한 설명
- (상담) 귀사와의 협업 가능성에 대해 열린 자세로 토론
- (확인) 만일 협업 가능성이 있다면 향후 절차 확인

(공유) 자기소개·회사 소개

- 2019년 8월 Facebook Japan 대표 퇴임, 'BRAND 발사대'를 표방하며 MOON-X 창업
- 창업의 원점은 지방 활성화 프로젝트로 전국을 순회하던 중 실감한 '일본 전통 제조업'의 가능성
- 디지털을 활용한 브랜드 구축·온라인 판매 전개. 제조는 신뢰할 수 있는 기업과 제휴
- 다양한 브랜드 설립 전개, 그중 하나가 크래프트 맥주, 계기는 미국 출장에서 IPA(India Pale Ale) 경험 후 받은 충격
- 맥주를 '술자리 시작 때 잠깐 마시는 술'이 아니라 '반짝이고 설레는 느낌'의 맥주를 만들고 싶다.

★ (보충) 홈페이지에서 귀사의 역사, 제조 신념, 제품 라인업을 확인했습니다.

★ (질문) 토론 전 귀사에 대해 더 알아둬야 할 사항이 있나요?

(공유) 이미지하는 전략은?

- WHAT(어떤 맥주?)
  - ▷ 특징적인 맛과 향으로, 맥주를 잘 모르는 사람도 마신 순간 평소 마시던 것과의 차이가 바로 느껴지는 맥주
  - ▷ 질리지 않고 매일 마시고 싶어지는 맛, 어떤 요리와도 어울리는 맥주
  - ▷ 상온 보관·유통이 가능하고 상온에서 높은 품질을 확보할 수 있는 맥주
- WHERE(어디에서 제공할 것인가?)
  - ▷ 기본적으로는 온라인에서만 판매
  - ▷ 기간 한정으로 이벤트·맥주바 등에서의 판매도 검토(개별 판단)
  - ▷ 장래적으로는 해외 전개도 모색할 생각
- WHEN/HOW MUCH(언제, 얼마나 제조할 것인가?)

(초안)	Phase1	Phase2	Phase3
시기	2022년 내	2023년/2024년	2025년 이후
제조량	최소 단위	지속적으로 매월 1~3탱크 분량	토의 필요
스타일	한 종류로 개시	계절품 등 추가	토의 필요
코멘트	우선 테스트 판매	국내 항시 판매	해외 전개도 포함한 제조 강화

★ (질문) 맥주의 맛과 판매 방법, 타이밍과 제조량에 관한 인풋은? 성공을 위한 조언은?

(상담) 협업 가능성에 대해

- 윈윈 모색
  - ▷ 의도: 기왕 하는 협업이라면, 귀사에도 큰 이익이 되는 전략을 세우고 싶다.
  - ▷ 확인: 무엇을 해야 협업의 의의가 있을까? (지장 없는 범위에서)귀사의 주력/비즈니스 과제는?
- 브랜드에 대해
  - ▷ 의도: 'CRAFTX Brewed by 귀사 브랜드' 등 대등한 협업임을 표현
  - ▷ 확인: 위와 같은 비주얼로 문제 없을까요? 다른 협업 사례 등을 공유해 주실 수 있을까요?
- 역할 분담에 대해
  - ▷ 의도: '귀사가 제조·배송·품질 관리' × '폐사가 마케팅·판매·고객 대응'
  - ▷ 확인: 제조량(최소·최대), 배송 여부, 개산 비용, 시기(시장 성수기) 등

★ (질문) 협업 가능성에 대해 어떻게 생각하시는지요? 귀사가 특별히 심혈을 기울이고 싶은 점이 있나요?

(확인·초안) NEXT STEP

- 7월 첫 상담(오늘), 협업 여부 결정(월말)
- 8월 (추진하는 경우) 비용 견적, 일정 확정, 맥주 시작(試作)·결정
- 11월/12월 테스트 판매
- 2023년 전국 판매로 규모 확대

★ (질문) 제조를 포함한 모든 일정은 현실적인가요?

★ (상담) 협업 여부에 대해 어떻게 토의/판단하시겠습니까? 다음 회의를 잡아도 괜찮을까요?

하세가와 신

※위 예시는 가공한 내용이다※

CHAPTER 7

외부 미팅③

외부 전문가에 제작 의뢰

외부 업무 발주 때 사용

외부 전문가에게 무언가를 의뢰할 때 사용하는 브리프형 1페이지이다. 2023년 봄에 방영될 신규 TV 광고 콘텐츠 제작을 광고 대행사에 브리핑한다고 가정하고 만들었다.

제작물을 의뢰할 때 무조건 잘 팔리는 광고였으면 한다는 막연한 코멘트는 바람직하지 않은 방법이다. 그러면 광고 대행사는 말 그대로 자유롭게 만든다. 그러고선 막상 기대치와 다른 결과물이 나오면 대부분 이런 것을 원한 게 아니라는 반응을 보인다. 하지만 애당초 기대치 조정 등을 하지 않았기에 당연한 일이다.

물론 대부분의 광고 대행사는 '애당초 무엇을 위해 만드는가?' 같은 기본적인 질문을 철저히 한다. 뿐만 아니라 보통은 제작 중에도 여러 제안을 한다. 그러나 전문가에게 무언가를 의뢰한다면 먼저 나는 무엇을 만들고 싶은지, 무엇은 만들고 싶지 않은지 정확한 의견을 밝혀야 한다.

이는 그동안의 커리어를 통해 철저히 배운 내용이다. 영어로 말하자면 'What you get is what you deserve', 즉 전문가에게 받는 아웃풋은 내가 만든 브리프의 질이 좌우한다는 뜻으로 내가 받게 될 아웃풋은 내 능력치만큼이라는 의미다.

브리프를 얼마나 선명하고 명확하게 그리고 영감이 풍부하게 만드느냐, 이것이야말로 전문가에게서 나오는 아웃풋의 질을 결정한다. 그렇기에 정성을 다해 만든 1페이지의 질은 비즈니스의 결과에 지대한 영향을 미친다.

제금부터 이번 사례의 중요한 부분이다. '제작 의뢰 브리프'라고 이미 제목에 들어가 있으므로 '오늘 미팅의 목적'은 생략했다. 어떤 미팅인지 모두가 인식하고 있다면 일부러 넣을 필요는 없다.

한편 '비즈니스 배경'은 중요하다. 물론 만들어 주길 원하는 것(=의뢰 사항)이 가장 중요한 핵심이지만 그 전에 비즈니스 상황은 어떤지, 광고 콘텐츠나 제작물을 통해 무엇을 달성하고 싶은지 등에 관한 배경 정보를 철저히 공유한다. 이러한 전체적인 상황 판단이 제작자에게 영감을 줄 때도 많다. 그리고 나서 구체적인 '의뢰 사항'으로 넘어간다.

'의뢰 사항'은 반드시 명확해야 한다. 무엇을 만들어 주길 원하는지, '예산'은 얼마인지 분명히 적는다. 또 커뮤니케이션에서는 '누구에게' '어떤 내용을' '어떤 식으로 전할까?'가 기본 정보다. 여기서도 '타깃 소비자: WHO' '커뮤니케이션 내용: WHAT' '구체적인 제작물에 관한 고려 사항: HOW' 세 가지를 차트로 정리해 하나씩 짚어간다.

중요 사항은 하이라이트를 사용해 눈에 잘 띄게 했는데, 한 가지 포인트는 'WHAT' 안에 있는 '커뮤니케이션 후의 소비자 인식'이다. 광고를 본 소비자의 반응이 어떻길 바라는가? 이것은 커뮤니케이션을 설계하는 데 있어 매우 중요한 포인트다. 여기는 일부러 구어체로 쓰거나 소비자 코멘트 같은 느낌의 문구를 넣어서 상대가 쉽게 상상할 수 있도록 했다.

고려 사항 중에는 '제약 사항'도 포함되어 있는데, 이 부분 역시 정확하게 전해야 한다. 완성했는데 결과물이 브랜드 가이드라인과 전혀 다르면 전면 수정이 불가피하고, 그러면 모두가 불행해진다. 따라서 브리프 작성 시에는 제약 사항이나 미리 고려해야 하는 사항을 반드시 기재한다.

이는 결국 의뢰하는 제작물의 '폭range'을 명확히 규정한다는 의미기도 하다. 이는 전문가에게 작업을 의뢰할 때 지켜야 하는 최소한의 예의다. 정말 뭐든 자유롭게 만들어도 좋은 경우는 매우 드물다. '글로벌 계열사 중에 이미 광고가 있다' '유명인도 검토해도 된다'처럼 범위를 전달하거나 제품 실연實演에 관해서도 지금 광고에 나오는 제품의 모습이 완벽하지 않으니 새로운 효과적인 방식을 생각해 달라는 메시지를 적어 둔다. 또 브랜드 가이드라인에 철저히 따라 달라는 제약 사항을 넣기도 한다.

'넥스트 스텝'은 언제, 어떤 형태로 사용할지, 승인 날짜는 언제인지, 또 편집 및 촬영 절차 등도 중요하므로 이러한 것도 포함해 예상 중인 흐름을 전한다. 이것도 브리프에서는 필수적이다.

배경 정보, 의뢰 사항, 그리고 제작 범위 규정, 나아가 절차도 확인한다. 이 정도가 외부 전문가에게 의뢰할 때의 핵심 사항이다.

브리프이므로 기본적으로는 꼼꼼히 설명하면서 반응을 살핀다. 토의보다는 공유하면서 상대의 반응을 확인하고, 이해하지 못하는 것 같으면 필요에 따라 보충 설명을 하면서 진행하는 것이다.

활발한 토의는 나중 단계다. 브리프에 기초해 나온 안 중 어느 것으로 할지, 편집은 어떤 방향으로 할지, 브랜드명은 어떻게 각인시킬지 등은 나중 일이다. 토의는 브리프 후에 나온 제안을 토대로 하는 경우가 많다.

그러나 명확한 브리프가 없으면 토의할 때 애를 먹게 된다. 아무런 전제 없이 만들어서 전제 없이 토의하는 꼴이 되는 것이다. 이렇게 되지 않기 위해서라도 명확한 브리프가 중요하다. 그래서 1페이지가 필요하다.

2022년 7월 1일

2023년 봄 신규 캠페인: 제작 의뢰 브리프

비즈니스 배경

- 브랜드A는 올해 신상품을 출시한 이후 매출과 금액 점유율 모두 상승세를 유지하고 있다.
- 한편 현재 업계 1위인 경쟁 브랜드B가 대대적인 신상품 출시를 예정하고 있어 반격이 예상된다.
- 내년에 대형 신상품 출시 예정이 없는 가운데 업계 1위를 달성하려면 강력한 커뮤니케이션 도구를 개발해야 한다.

목적·목표

- 비즈니스 시점: 내년 6월 말까지 점유율 1위 브랜드 달성.
- 소비자 시점: 브랜드A는 '성능이 압도적이다'라고 인식되는 것.

의뢰 사항

- 새로운 커뮤니케이션 아이디어, 핵심 비주얼, TV 광고, 디지털 콘텐츠 개발
- (참고) 송출 예정 미디어
  - TV 광고 15초(전국 주요 방송국) 2023년 3월 방송
  - 주요 디지털 매체 2023년 2월 말(TV 광고 전 화제 모으기용으로 투하)

예산

- 상기 의뢰 사항 개발에 총 3,000만 엔(미디어 비용, 유명인 출연료 별도 확보)

타깃 소비자: WHO

타깃	· 18~34세 남성, 성능이 우수한 제품을 사용하기 원하는 성과 추구자 · 반듯하다는 주위 평판이 중요하다는 가치관을 가진 사람 · 현재는 브랜드B의 고기능 모델 사용 중

커뮤니케이션 내용: WHAT

현재 소비자 인식	자세한 건 잘 모르지만, 브랜드B에서 가장 좋은 제품을 사면 문제는 없을 거야.
커뮤니케이션 전략	· 1) 신뢰할 만한 제3자 기관 테스트 결과 브랜드A가 성능 1위였음을 알린다. · 2) 최고 성능답게 사용자의 95%가 만족한다고 답했음을 알린다. · 3) 성능에 절대적인 자신이 있는 만큼, 불만족 고객에게 전액 환불 제도를 실시함을 알린다.
커뮤니케이션 후의 소비자 인식	(납득) 흠, 제3자 기관이면 믿어도 되겠는걸? (감탄) 95%가 만족? 심지어 전액 환불이라고? 대단한데?

제작물별 구체적인 고려 사항: HOW

TV 광고	· 글로벌 계열사의 TV 광고가 기대 이상의 효과를 내고 있다 · 일본에서도 응용할 수 있는 포인트는 적극적으로 도입한다.
디지털 콘텐츠	· 각 디지털 매체의 특성을 살린 콘텐츠 제작(TV 광고 이용 NG) · 모바일 환경에 맞춘 콘텐츠 제작(서두에서 브랜딩과 핵심 메시지)
유명인 기용	· 유용하다면 타깃층에 영향력 있는 유명인을 기용하는 방안도 검토하고 싶다
제품 실연	· 제품 실연도 신규 캠페인 개시에 맞춰 갱신하고 싶다(생각 중)
브랜딩	· 브랜드 가이드라인(사용하는 로고·색·장면 등)은 변경 사항 없음, 별지 참고

넥스트 스텝

- 7월 18일 주간 첫 번째 제안
- 8월 소비자 리서치, 개선
- 9월 촬영·편집
- 10월 TV 광고·핵심 비주얼 Fix → 영업 회의에서 공유

하세가와 신(브랜드 매니저)

※위 예시는 가공한 내용이다※

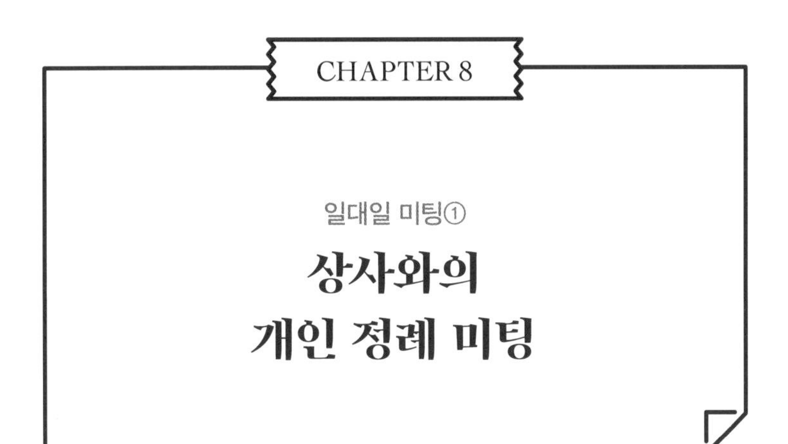

상사와의 일대일 미팅 효과를 극대화하기 위해 사용

일대일 미팅을 도입하는 일본 기업이 늘고 있다. 애당초 외국계 기업에서는 일대일 미팅이 당연한 것이라서, 나도 P&G나 페이스북에서는 상사나 부하 직원과 적극적으로 일대일 미팅을 했다.

단, 대부분의 미팅은 30분이고 길어도 1시간 정도다. 이 시간 안에 알아야 할 것과 들어야 할 것, 확인하고 싶은 것 등을 빠짐없이 챙기기란 사실 생각만큼 간단하지 않다. 그래서 특히 상사와 일대일 미팅을 할 때는 반드시 1페이지를 챙겨간다.

이번 예시는 내가 매니저라 생각하고 상사와 매주 일대일 미팅을 한다는 가정하에 만들어 본 1페이지다.

상사와의 일대일 미팅이므로 '목적'은 다시 쓰지 않아도 된다. 단, 미팅 논의 주제의 바탕이 되는 전제 조건에 관해서는 미리 눈높이를 맞춰 두는 게 좋다. 그래서 매주 반드시 첫머리에는 '우선순위 확인'을 넣는다. 매니저로서 해야 할 일이 많지만 가장 중요한 일이 무엇인지 상사와 확인한다. 이렇게 하면 나와 상사 사이에 인식의 틈이 벌어지는 것을 막을 수 있고, 일대일 미팅에서 반드시 언급해야 할 화제가 무엇인지 알려주는 길잡이도 된다.

기본적으로 상사와의 일대일 미팅에서 다뤄야 하는 영역은 사업 및 조직 관련 안건들이다. 각각 '비즈니스 관련' '조직 관련'이라고 소제목을 달아서 항목을 만든다.

이때의 핵심은 항목별 의도와 기대치를 분명히 밝히는 것이다. 단순히 보고를 하려는 것인지, 아니면 상담을 하고 싶은지 혹은 합의를 하고 싶은지, 보고 바로 알 수 있도록 각 항목 마지막에 적고 하이라이트도 넣는다. 도움을 받고 싶은 사안이 있을 때는 그러한 취지도 적는다.

이렇게 하면 상사는 자신이 무엇을 해야 하는지 바로 파악할 수 있다. 보고를 받을 건 받고 승인이 필요한 건 여부를 판단하며, 상담 사안에 대해서는 조언을 한다. 보고와 합의, 상담과 기대치를 분명히 밝힘으로써 상사도 적확한 행동을 취할 수 있다.

일대일 미팅에서 1페이지의 핵심 포인트는 한 장으로 정리돼 있어서 일람성이 뛰어나다는 점과 내가 지금 무엇을 원하는지 상대가 명백히 알 수 있다는 점이다. 무엇을 원하는지 확실히 밝히면서 중요 안건을 모두 커버하는 것, 이 모두가 1페이지만 있으면 가능한 일이다.

또 주제 중요도에 따라 흐름에 강약이 있어야 하므로, 어느 내용에 얼마큼의 시간을 투자할지 각 안건이 지면을 차지하는 크기만 보고도 직감적으로 파악할 수 있도록 만든다.

2022년 10월 5일

주간 일대일 미팅

우선순위 확인

- 9월의 Top3
  - ①가을 신제품 출시(완료)
  - ②연말 점두 행사 계획 Fix(일부 10월로 미룸)
  - ③중도 입사자 온보딩[a](완료)
- 10월의 Top3
  - ①경영 회의에서 3사분기 평가
  - ②내년 봄 신규 캠페인 Fix
  - ③A 씨 승진 추천

★ 기타 우선해야 할 사항이 있으면 말씀해 주세요.

사업 관련

- 9월 비즈니스 결산(보고)
  - 전체: 목표대로 나아가고 있음
  - 숫자: 매출 10억 엔(전년 대비 105%, vs. 목표 101%), 점유율 7.5%(vs. 지난달 +0.2포인트)
  - 기타: 가을 신제품의 매장 진열율 및 판매율 모두 예상대로임, 10월부터 TV 광고 개시
- 10월 비즈니스 전망(보고)
  - 착지점 예상: 매출 13억 엔(전년 대비 110%, vs. 목표103%)
  - 플러스 요인: 판매 호조로 점내 진열 공간 확대, TV 광고로 인한 판매 가속
  - 위험 요인: 경쟁으로 인한 가격 인하 가능성
  - 액션: 최고 주력 소매점 Top5와 상담→4사분기 확실한 달성을 목표로 계획 합의
- 경영 회의에서의 3사분기 평가(상담)
  - 날짜: 10월 15일 15:00~15:30
  - 의제: 비즈니스 개황, 향후 신제품 계획
  - 메시지: '사업 호조+내년 봄에 대형 신제품이 있으니 영업 우선도를 Tier1으로 올렸으면 좋겠다'
  - Help Needed: 위 메시지를 강화하기 위한 조언이 있으면 부탁합니다.
- 내년 봄 신규 캠페인(합의)
  - 배경: TV 광고 방영 전 테스트 실시, 기준치를 크게 웃도는 전체 수치, 브랜드 인지도 낮음
  - 제안: 처음과 끝의 브랜드 로고 노출을 강화한 뒤 Fix하고 싶다.
  - Help Needed: 위와 같이 진행해도 좋은지 의견 부탁합니다(OK라면 최종 편집으로 넘어가겠습니다).
- A사와의 제휴(상담)

  배경: 상대사의 캐릭터 사용, 수익 공유 구조를 포함해 합의 완료

  Help Needed: 10월 말로 예정된 상대사 이사와의 최종 회의에 출석해 주실 수 있습니까?

조직 관련

- 중도 입사자 온보딩(보고)
  - 배경: 9/1입사, 상사 출신
  - 진척: 신입 사원 연수 완료, 브랜드 온보딩 완료, 10월부터 Web Project 담당
- A 씨 승진 추천(합의)
  - 배경: 이달 승진 추천 제출 예정, 비즈니스 결과는 매우 강함, 리더십 평가도 높음
  - Help Needed: 조직 공헌 또한 확실히 어필하려면 채용vs.부하 육성 중 어느 쪽이 나을까요?
- 트레이닝(상담)
  - 배경: 새로운 팀원이 늘면서 전략과 마케팅 지식에 편차를 느낀다.
  - Help Needed: 12월경에 Friday Night Session 트레이닝 실시를 부탁드려도 될까요?
- 경력 관리(가벼운 상담)
  - 배경: 현 브랜드를 담당한 지 3년, 디렉터도 시야에 넣고 다음 커리어를 검토하고 싶다.
  - 선택지: 1)현 브랜드에서의 승진, 2)다른 카테고리 브랜드로 이동, 3)영업에서 경험 축적
  - Help Needed: 위에서 제시한 선택지에 대해 솔직한 조언을 주시면 도움이 될 것 같습니다!

하세가와 신(브랜드 매니저)

※위 예시는 가공한 내용이다※

---

a 신규 사원이 조직에 빠르고 편안하게 정착하도록 돕는 교육

CHAPTER 9

일대일 미팅②

해외 본사 경영진과의 첫 미팅

외국인 경영진과의 우호 관계 구축을 위해 사용

다음은 조금 특이한 1페이지이다. 해외 본사 관리자층에 새로운 간부가 취임해 처음으로 만나게 됐다. 이럴 때는 자기를 알리고 관계를 구축하는 일이 중요한데, 일본 시장을 대표하는 자리에 있다면 '일본에 더 힘을 실어줘야겠군' 하고 생각하게 만드는 커뮤니케이션이 필요하다.

그래서 만약 내가 본사에 가서 그 외국인 경영진과 첫 미팅을 한다면 어떤 1페이지를 만들지, 미국 서부 해안에 있는 인터넷 기업을 염두에 두고 생각해 봤다.

우선 자잘한 비즈니스 이야기에 앞서, 앞으로 함께 일하는 데 필요한 인간관계를 만드는 작업이 중요하다고 생각했다. 그래서 일부러 가벼운 1페이지를 만들어 봤다.

먼저 '간단한 자기소개'. 어릴 적 시애틀에 살았던 경험, 10년간 P&G에서 팸퍼스나 질레트의 마케팅을 담당했던 것, 그 후 3년간 라쿠텐에서 글로벌 마케팅 책임자로 근무했던 이력 등을 적는다. 또 스포츠를 좋아하는 외국인도 많으므로 핸드볼이나 럭비, 서핑, 스노보드, 킥복싱을 즐기고 있다는 이야기도 썼는데 글만 있으면 너무 밋밋하므로 사진도 몇 장 넣었다.

간단한 자기소개가 끝나면, 여기서 일단 내 이야기를 멈추고 상대방에게도 "괜찮으시다면 자기소개를 듣고 싶은데요."라고 이야기의 흐름을 돌린다.

이런 식으로 상대를 조금 이해한 후 일본에 대해서는 세 가지, 이것만은 기억해 두었으면 좋겠다고 생각한 내용을 전한다. '배경' 공유다. 예를 들면 일본은 미국·중국에 이어 세계에서 세 번째로 큰 광고 시장이라는 점, 이모지 등의 비주얼 커뮤니케이션을 포함해 휴대전화와 관련된 독특한 역사가 있다는 점, 그리고 자사 서비스도 순조롭게 사용자가 증가하고 있지만 아직 시장 침투율은 10%대라는 점 등이다.

즉 '비즈니스 성장 가능성이 크고' '서비스와 잘 맞아서' '사용자가 폭발적으로 증가할 여지'가 있다는 내용이다. 일본만의 셀링 포인트를 명확히 전해서, 여러 글로벌 시장 중에서도 일본을 최우선 국가라고 생각하게끔 만드는 전략이다.

아울러 일본의 이미지와 이해에 관한 눈높이를 맞추기 위해 준비한 질문도 포함한다. 그리고서 '토의 포인트'를 세 가지 적어서 토론한다.

나라면 이것을 출력해서 가지고 가겠다. 인터넷 기업이므로 종이 자료를 사용해 회의하는 일은 사실 별로 없다. 그러기에 더더욱 한 장짜리 종이 자료를 건네는 것만으로도 꽤 신선한 자극을 받고 재미있어한다.

뒷면에는 관련 자료 등을 넣는데, 수치 등이 필요하다면 참고할 수 있는 정보도 준비해 간다. 최고 경영진 중에는 숫자를 보면서 논의하기를 좋아하는 사람이 많으므로 어떤 질문을 받았을 때 명확하게 데이터로 말할 수 있도록 준비한다.

아마 미팅 시간은 길어야 30분 정도가 될 것이다. 이 짧은 시간 동안 신뢰도 구축하고 전달 사항도 전해야 한다. 미리 철저히 준비하지 않는다면 꽤 어려운 일이다.

특히 외국인과 소통할 때는 영어라는 핸디캡도 작용한다. 어린 시절 미국에 살다 온 경험이 있는 나도 원어민은 아니기 때문에 영어를 완벽하게 구사하진 못한다. 최고 경영진은 대부분, 말하기를 좋아하는 사람이 많고 화술도 뛰어나다. 상대도 말하고 싶은 게 많을 테니 이쪽 이야기를 들어줄 여유가 없을 수도 있다. 상대방도 일본인 담당자가 오면 이런저런 이야기를 해야지, 하고 여러 가지 생각해 둔 내용이 있을지 모른다.

그러나 1페이지를 건네면 여기에 어느 정도는 동조해 줄 것이다. 정식으로 자기소개를 하고자 하면 흔쾌히 승락하고 사진까지 준비해 줘서 고맙다고 할 것이다. 즉 내가 주도권을 잡고 진행할 수 있게 된다.

1페이지 전부를 읽지는 않을지언정, 핵심 사항만이라도 전달해서 일본이라는 시장의 가능성을 실감하게 했다면 성공이다.

또 회사 간부나 최고 경영층은 찰나에 사람을 판단한다. 판단 결과의 좋고 나쁨을 떠나서 첫 대면은 매우 중요하다. 첫 만남의 인상이 '따분한 녀석'이냐, 아니면 '재미있는 사람'이냐에 따라 그 후의 상황은 크게 달라진다. 정말로 눈 깜짝할 사이에 판단하기 때문에 지혜를 짜낼 가치가 있는 자리다.

제2장에서 '어떤 태도와 접근법, 캐릭터로 미팅을 리드할지도 미리 생각한다'라고 기술했다. 만약 캘리포니아의 IT 업계 사람과 미팅을 한다면 아마 '밝은 캐릭터' 기어를 두 단계 정도는 높여야 하지 않을까? "When in Rome, do as the Romans do(로마에 가면

로마법을 따르라).”라는 말처럼, 상황에 맞춰 기어를 조절해야 피부에 와 닿는다.

만약 처음부터 끝까지 비즈니스 이야기만 해야 하는 분위기라면, 이런 가벼운 1페이지는 만들지 않는다. 즉 자신의 ‘미팅 목적’을 어떻게 설정하느냐에 따라 내용도 달라져야 한다.

이번 사례의 최대 목적은 우선 인간관계를 쌓는 것, 그리고 어느 정도 일본에 대한 이해도를 끌어올리는 것이다. 이 목적을 바탕으로 생각하면, 이런 포맷도 가능하리라 본다.

2022년 10월 1일

Mike × Shin - 자기소개& 일본 소개

1. 간단한 자기소개

- 2~9살을 시애틀에서 보냈다. 일본으로 귀국하고 처음에는 적응하지 못해서 힘들었다.
- 10년간 P&G에서 근무하며 팸퍼스, 질레트, 브라운, SK-II 담당 + 3년간 라쿠텐에서 글로벌 마케팅 책임자.
- 스포츠를 매우 좋아함. 이전에는 핸드볼/럭비, 지금은 서핑/스노보드/킥복싱을 즐긴다.

* 마이크도 괜찮다면 자기소개 부탁합니다!

2. 일본에 대해 알아 두면 좋은 세 가지

- (사업)광고 시장 규모가 미국·중국에 이어 세계 3위 ▶ 큰 비즈니스 성장 가능성
- (문화)모바일의 역사(i-mode)·비주얼 커뮤니케이션(이모지) ▶ 서비스와 잘 맞는다
- (진척)이용자가 꾸준히 늘고 있지만, 아직 시장 침투율은 10%대 ▶ 폭발적인 이용자 증가 가능성 있음

* 일본에 방문한 적은? 좀 더 자세히 알고 싶은 지역은 있습니까?

3. 토의 포인트 세 가지

- 협동: 글로벌팀과 우호 협력 관계를 이루고 있다고 들었다. 일본팀에 뭔가 주고 싶은 피드백이 있을까?
- 부탁: 1) 일본의 성장 전략&계획을 공동 작성하고 싶다, 2) 방일해서 이해관계자 모집에 협력해 주었으면 좋겠다.
- 질문: 일본 시장에 기대하는 역할은?(테스트 마켓, 제품 개발 거점, 매출 이익 etc.)

* 각각의 포인트에 대한 솔직한 의견 부탁합니다! 토의하고 싶은 다른 사항이 있습니까?

※위 예시는 가공한 내용이다※

CHAPTER 10

일대일 미팅③

새로운 멤버를 위한 오리엔테이션

신규 사원에게 팀 설명을 할 때 사용하는 1페이지

팀에 신입 사원이나 중도 입사자 등 신규 멤버가 들어와서 처음 갖는 미팅 때도 1페이지를 활용한다. 공유나 확인하고 싶은 사항 등을 과하거나 부족함 없이 모두 다룰 수 있기 때문이다. 처음에 공유와 확인을 확실히 해두면, 그렇지 않았을 때에 비해 신뢰관계나 업무 효율이 눈에 띄게 다르다.

여기서는 '미팅의 목적'을 제일 먼저 명기한다. 팀 기본 원칙에 관해 공통 이해 구축, 앞으로 함께 일해야 하므로 기대치 및 업무 내용 등에 대한 정확한 정보 공유 그리고 넥스트 스텝 확인이다.

목적에 맞게 항목을 '팀 기본 원칙' '2022년 기대치' '2022년 업무 내용' '넥스트 스텝' 'Q&A/여유 시간'이라고 정했다.

팀 리더로서 나는 어떤 팀을 만들고자 하는지, 그리고 당신에 대한 기대치는 무엇이고 어떤 업무 내용을 생각하고 있는지, 업무 관련해서는 어떤 프로젝트에서 무엇을 하길 바라는지 구체적인 프로젝트별 아웃풋을 표로 정리해 하나씩 설명한다.

그리고 '넥스트 스텝'에 대해 이야기한다. 앞으로의 일정을 확인하고 마지막은 무엇이든 좋으니 신규 팀원이 궁금한 점을 질문하는 시간을 잠깐 넣는다.

신규 팀원을 위한 1페이지에는 한 가지 큰 특징이 있는데, 오른쪽에 시간 배분을 기재한다는 점이다. 몇 시 몇 분부터 몇 시 몇 분까지, 라고 항목별 시간 배분을 적는다. 1시간 미팅이지만 내용이 많아서 일부러 시간표를 넣었다. 사실 절반은 코칭 목적도 있다. 1시간 안에 짜임새 있게 순서를 정해서 말할 내용을 어떤 식으로 정리할지, 상대가 알아야 한다고 생각했기 때문이다.

나는 회사 안에서든 밖에서든 말할 분량에 비해 미팅 시간이 빠듯할 때, 시간 배분을 1페이지에 기입한다. 새로 들어온 팀원도 곧 미팅을 직접 주관하는 입장이 될 텐데, 그때의 힌트가 됐으면 하는 마음에서다.

한편, 앞에서도 다뤘듯이 굳이 시간을 기재하지 않더라도 주제별 지면 크기와 사용 시간, 또 중요성이 서로 연결되어야 한다는 게 내 규칙이다. 중요 안건은 그만큼 시간도 오래 걸리기 때문에 1페이지에서도 상응하는 공간을 할애한다. 즉 미팅 시간을 어느 정도는 공간에 비례해서 배분하는 것이다. 반대로 비교적 사소한 안건은 공간을 조금만 쓴다. 각 사항 두 줄 정도면 충분하다.

정보의 우선순위와 사용하고 싶은 시간, 지면 공간, 이 세 가지를 갖출 수 있다는 점도 1페이지의 특징이다. 늘 신경쓰며 만들고 있고, 시간 배분도 자연스레 그렇게 된다. 또 상대도 1페이지 각 공간을 보면 정보의 우선순위와 소요 시간을 파악할 수 있다.

2022년 9월 1일

쓰보사카 씨: 온보딩 미팅

미팅의 목적 (17:00~17:05)

- 팀의 기본 원칙(Ground Rule)에 관한 공통 이해를 구축한다.
- 2022년 기대치·업무 내용에 관한 눈높이를 맞춘다.
- 넥스트 스텝을 확인한다.

팀의 기본 원칙 (17:05~17:20)

- 마인드목표는 일류 스포츠팀의 비즈니스판
    - 탐욕스럽게 승리에 집착한다.
    - 원팀으로 일치단결하되 팀 안에서 건전하게 경쟁한다.
    - 성실한 생활(시간 엄수 등)
- 습관유능한 비즈니스 리더로 성장하는 세 가지 조언
    - 매일의 업무에서 '목적'의 명확화와 의식
    - 자원은 '한정적'임을 기억하고 창의적으로 궁리해 유효 활용
    - 1페이지를 활용한 사고의 정리, 자아성찰, 축적
- 오퍼레이션효과적이고 원활한 팀 운용을 위해
    - 상사와 매주 일대일 미팅(철저히 준비해 주세요.)
    - 프로젝트별 철저한 순서 관리
    - 매주 팀 미팅에서 눈높이 맞추기

2022년 기대치 (17:20~17:30)

- 9월 말까지 신입 사원 연수, 브랜드 온보딩을 활용해 회사와 브랜드를 이해한다.
- 10월 말까지 아래 3개 프로젝트를 직접 리드할 수 있도록 한다.
- 12월 말까지 아래 3개 프로젝트에서 요구하는 아웃풋을 낸다.
- 2023년도 신규 사원이 입사하면 가르치는 입장이 되도록 한다.
- 소소한 팁기대치를 간당간당 '맞추지' 말고 항상 기대치 '상회'를 목표로 한다.

2022년 업무 내용(17:30~17:50)

프로젝트	협업 부서	구체적인 아웃풋
월간 비즈니스 평가	시장조사부 영업부	월 초에 전월 사업 활동의 결산·분석 제출 숫자 나열에 그치지 말고 과제가 무엇인지 분명히 제시한다. 분석에 기초해 구체적인 행동까지 제안한다.
디지털 추진 프로젝트	IT 부문 영업부 광고대리점	온라인 판매의 매출·이익 극대화(전년 대비 150%) 자사 사이트, 온라인 쇼핑몰에서의 판매 지원 with 영업/IT 디지털 마케팅 기획·실행 with 대리점
내년 봄의 대형 프로모션	재무회계 구매 부문 소비자 상담실	내년 봄 개시하는 대형 프로모션 기획·실행 ROI(비용 vs 매출 공헌)를 130% 향상 예산 관리 with 재무회계, 굿즈 제작 with 구매부

넥스트 스텝(17:50~17:55)

- 9/1-9/15 신입 사원 연수
- 9/5주간 일대일 미팅 준비
- 9/8 8월의 Monthly Business Review를 보고 다음 달부터 직접 할 수 있도록 한다.
- 9/15 다음 일대일 미팅까지 위 3개 프로젝트의 계획표를 작성→토의
- 9/15-9/30 디지털 추진 프로젝트&내년 봄 프로모션 인계 기간
- 10/1 지원을 받으며 위 3개 프로젝트를 직접 리드해 본다.

Q&A/여유 시간 (17:55~18:00)

하세가와 신(브랜드 매니저)

※위 예시는 가공한 내용이다※

CHAPTER 11

전략 정리①

새로 옮긴 자리에서의 비전 설명

리더로서 나아갈 방향을 정리해 전달할 때 사용

1페이지는 미팅이나 비즈니스 상담에서 큰 위력을 발휘하지만, 나는 조직 전체를 어떻게 운영할지, 회사나 사업 전체를 어떻게 이끌지와 같은 전략·계획을 정리해서 함께 일하는 동료들에게 제시할 때도 활용한다.

예를 들면 P&G에서 새로운 브랜드를 담당할 때도 그랬고, 2012년 가을에 라쿠텐으로 이직했을 때나 페이스북의 일본 대표로 취임했을 때도 마찬가지였다. 새로운 자리에 취임하면 100일 정도 걸려서 전략과 사업 계획을 정리하자고 스스로 규칙을 정했다. 리더나 경영자가 취임 첫 100일을 어떻게 보내는지는 성과를 내는 데 매우 중요하다.

우선은 업계나 비즈니스의 전체상, 조직과 사람, 제품과 사내 프로세스, 사외 파트너 등을 깊이 이해한 후, 그러고 나서 무엇을 해야 할지 천천히 생각하면서 언어화한다. 이것이 100일에 걸쳐 전략·사업 계획을 만드는 순서다.

만약 새로운 자리에 취임해서 사내에서 비전을 설명해야 한다면, 어떤 1페이지를 만들지 생각해 본 것이 이번 사례다.

조직의 달성 목표는 무엇이며, 어떤 미션과 목표를 내걸고 어떤 행동 규범·가치에 따라 움직이는 팀을 만들고 싶은지 일단 써 본다. 이를 바탕으로 '어디에서' '무엇을 해서' '어떤 결과를' '언제까지' '누가' 낼지 정리했다.

조직 전체의 전략을 정리할 요량으로 창의적 궁리를 거듭하며 처음으로 나만의 1페이지 포맷을 만든 것은 P&G에서 라쿠텐으로 이직했을 때다. 개인적으로는 내가 이끄는 팀의 성과가 라쿠텐의 주가를 움직이는, 규모감 있는 업무를 해 보고 싶던 참이었다. 거기서부터 거꾸로 생각했을 때 무엇을 해야 하고 어떤 조직이어야 하는지를 고심했다.

그리고 그러한 관점에서 봤을 때 주력해야 할 사항을 1페이지로 정리했다. 이 1페이지에 기초해 팀원에게 '이런 식으로 나아가고 싶다' '이걸 했으면 좋겠다'고 제시하기도 하고, 적극적으로 다국적 팀원을 채용해 조직을 정비·강화하거나 글로벌 규모의 프로젝트를 가동하기도 하는 등 여러 과업에 도전했다.

라쿠텐에서는 최종적으로 글로벌 마케팅 담당 임원이 되었다. 그렇지만 처음 입사할 때부터 명확하게 세세한 업무가 정해져 있었던 것은 아니다. 오히려 업무에 있어서 자유도가 높았던 덕분에 조직 자체의 존재 목적부터 스스로 생각해서 앞으로 나아가 보자고 마음을 먹을 수 있었다.

여러 업무 스타일이 있겠지만, 나는 내가 해야 할 일을 생각하고 결정해서 거침없이 앞으로 나아가는 스타일을 선호하는 편이고, 그렇게 할 때 가장 성과가 좋다. 라쿠텐에서도 페이스북에서도 운 좋게 자유롭게 맡겨주는 상사를 만났다. 그래서 더더욱 내가 하고 싶은 일이 무엇인지 심사숙고하며 만든 1페이지가 큰 의미를 지닌다고 생각한다.

실제로 상사와 1페이지를 보면서 이야기하면, "거기까지 생각한다면 어쨌든 한 번 해보세요."라며 응원해 주었고 마음껏 활동할 수 있는 환경도 지원해 주었다. 단, 진지하게 고민한 후에 마음껏 하는 것과 아무 생각 없이 의욕만 앞서 마음껏 행동하는 것과는 전혀 다를 것이다.

1페이지를 만들면서 무엇에 주력할지, 어떤 성과를 내고 싶은지 머릿속으로 분명히 정해 놓고 나서 아무런 구애도 받지 않고 하고 싶은 일에 돌진했기에 성과로도 이어졌다고 생각한다.

2022년 12월 23일

2023년 목표 · 전략 1페이지

무엇을 달성할 것인가?

팀 미션		
목표	2023년(단기 목표):	2025년(중기 목표):
행동규범·가치	전략적	큰 비전·목적부터 생각해서 우선순위를 정하고 데이터/경험/로직을 활용한다.
	임팩트 중시	부서의 벽을 넘어 성과를 내기 위해 꾸준히 적극적으로 행동한다.
	혁신적	새로운 일에 재빠르게 도전하고 실패를 통해 배우면서 성장 모델을 꾸준히 진화시켜 나간다.

어떻게 달성할 것인가? 누가 리드해, 언제까지 달성할 것인가?

어디서 싸울 것인가? (영역)	구체적으로 무엇을 할 것인가? (액션)	어떤 결과를, 언제까지 달성할 것인가? (KPI/시기)	누가 리드할 것인가? (사람)
#1)			
#2)			
#3)			
#4)			
#5)			

하세가와 신

※위 예시는 가공한 내용이다※

CHAPTER 12

전략 정리②

창업 계획 설명

사업 방향성과 전략에 관한 조언을 듣고 싶을 때 사용

창업을 앞두고 생각 중인 사업 계획을 알리고 여러 사람에게 조언을 듣는 상황을 가정해 만든 1페이지 예시다.

선배 경영자나 각 분야의 신뢰하는 지인 등에게 보여줘야 한다면 막히는 부분은 어디인지, 무엇을 하려고 하는지 알기 쉽게 언어화해야 상대도 조언하기 쉬우므로 1페이지로 정리해 봤다.

'회의 목적'은 있는 그대로 쓴다. 사업 내용을 설명하고 신뢰할 만한 이에게 조언이나 도움이 되는 정보를 받는다거나 기왕 시작하는 사업인 만큼 사업 성공률을 높이고 싶다 등 이것이 이 회의의 목적이다.

이어서 (배경)으로 '인생 돌아보기'을 넣었는데, 그동안 겪은 다양한 경험과 배경이 있기에 가능한 창업이고 사업이기 때문이다. 따라서 조언을 받을 때는 상대도 이 맥락을 어느 정도는 이해해야 한다고 생각했다.

특히 40대면 '아재 창업'이다. 나만의 경험과 강점을 적극적으로 활용한 형태의 창업이라서 상담자가 내 경력이나 인생에 대한 이해가 있어야 의미 있는 조언이 가능하다고 생각했다. 언뜻 관계없어 보이는 '인생 돌아보기'를 (배경)으로 공유한 까닭이다.

또 '인생 전반의 게임 플랜'은 과거의 경험과 미래의 관심 영역에 기반해 지금 계획 중인 사업이 성립한다는 사실을 알리기 위해 넣은 표다. 즉 P&G와 라쿠텐, 그리고 페이스북에서 했던 일들을 다 곱하면 창업하는 회사의 사업 모델이 된다는 것, 또 새로운 회사에서도 라이프워크인 인재 육성에 주력할 계획이라는 것이다. 이러한 전후 관계성을 논의의 배경으로 알기 쉽게 설명하고 싶었다.

그리고 내가 생각하는 'MOON-X의 사업 계획(초안)' 내용을 적었다. '사고방식'과 '비전'뿐 아니라, '어디서 싸울 것인가?' '어떻게 싸울 것인가?'도 이야기했다. 이는 'Where to play' 'How to win'이라는, 전략에서 자주 사용하는 프레임워크를 사용해 주력 카테고리에 대한 생각, 그리고 타사와의 공통점·차이점 등을 표로 나타냈다.

마지막에는 '토론'을 넣었는데, 결국 무엇을 상담하고 싶은지가 분명해야 상대도 조언하기 편할 것이기 때문이다. 창업을 할지 말지 망설이는 사람과 "창업 자체는 확정이고 이런 계획으로 하려고 하는데 성공을 위한 조언이 필요해요."라는 명확하게 얘기하는 사람이 있다면, 상대방도 관점이 완전히 달라진다. 따라서 이 부분도 어느 정도 분명히 한 후 다시 구체적인 정보나 조언을 받는 것이 중요하다.

이 1페이지는 1시간 미팅을 예상하고 만든 내용이다. 설명 30분, 토론 30분 정도일 듯하다. 배경과 계획을 쭉 설명한 뒤 토론으로 들어간다.

실제로 이번 사례와 비슷한 자료를 사용해 상담한 적이 있는데, 도움이 되는 정보를 많이 얻을 수 있었다. '의욕만 앞선 사업이 아니라 자신의 경험과 강점을 살린다는 발상이 재미있다' '세상에 존재하지 않는 새로운 무언가를 만들기보다, 이미 존재하는 영역에 테크놀로지를 접목해 승부를 건다는 접근 방식에 신뢰가 갔다. 당신의 강점이나 성격과 아주 잘 어울리는 사업이다' '일본의 제조 기술과 테크놀로지를 곱한다는 콘셉트를 응원하고 싶다' 등의 의견과 조언을 받고 앞으로 나아갈 용기를 얻었던 기억이 선명하다.

참고로 '넥스트 스텝'이 없는 이유는 우선 사업을 일으키기 전에 조언을 듣는 상황을 상정하고 만든 1페이지라서다.

이번 1페이지의 테마는 창업이었지만, 예를 들어 사내 신규 사업이나 프로젝트 입안 등에도 응용할 수 있다. 이때의 기본은 '전략이란 목표 달성을 위해 어떤 자원을 어떻게 활용할지 고민하는 것'이라는 사고방식이다.

또 새로운 사업을 시작할 때는 설립자 본인의 경험과 강점도 중요한 자원이다. 그래서 내가 아닌 다른 사람이 하면 다른 사업이 될 가능성이 높다. 그렇다면 자신이나 팀원의 강점은 물론이고 활용 가치가 있어 보이는 자원을 '배경'에서 빠짐없이 밝혀서 서로의 눈높이를 맞춘 후 전략을 검토하고 논의해 가는 편이 성공 확률이 높아지리라 생각한다.

2023년 4월 1일

MOON-X 사업 계획(초안)

회의 목적

- MOON-X의 사업 계획(초안)을 공유한다.
- 평소 신뢰하는 이에게 조언·정보를 받아 사업 성공 확률을 높인다.

(배경) 인생 돌아보기

- 2~9세 시애틀에 거주하며 현지 유치원·초등학교 다님. 귀국 후 효고현의 공립초등학교에 무작정 입학, 인생 최대 위기.
- 교토대학교 체육회 핸드볼부 주장. 실패를 거듭하며 리더십 습득. 2000년 경제학부 졸업, 도쿄해상 입사.
- 도쿄해상에서 2.5년, 소위 법인 영업, 상무 표창. 자기 평가는 동기 140명 중 '중하'.
- P&G에서 10년, Marketing+Management. 화장품, 그루밍, 종이기저귀 브랜드의 일본/Asia 총괄.
- 라쿠텐에서 3년, 상급집행임원으로서 Global+일본 국내 그룹의 Marketing 총괄.
- 2015년 Facebook Japan 대표이사 취임. 인스타그램 월간 이용자가 810만에서 3,300만으로 증가.
- 2019년 여름에 20대부터 계획했던 창업에 도전. 강점과 경험, 인맥을 활용한 '아재 창업'.

Phase#1(20세~40세)	Phase#2(40세~50세)	Phase#3(50세~)
'오로지 자기 연마'	'정면으로 맞서 이긴다'	'라이프워크로 환원'
P&G - 비즈니스, 브랜드, 조직 구축 - 글로벌 리더십 라쿠텐 - 스피드와 e-commerce의 가능성 - IT 업계에서의 성공 자신감 Facebook - 테크놀로지의 방향성 - 국내외 인맥, 전 세계의 정보	MOON-X(창업할 회사) - D2C 브랜드 포트폴리오 회사 - Product는 OEM+판매는 Online - 소비자와 직접 연결, Brand 구축 - 우선 일본에서 고지 점령 후 해외 전개	일본을 견인하는 차세대 리더 - 일본에서의 인재 육성 과제 - 20대의 시좌(視座)를 높여, 전투력 연마 - 내가 실패와 성공을 통해 배운 경험→ 차세대 인재에 자극으로 제공

인생 전반의 게임 플랜

어디서 싸울 것인가?	여성용 뷰티	남성용 그루밍	식품(맥주)
일본	$20B	$1.2B	$20B
글로벌	$260B	$166B	$200B

MOON-X의 사업 계획(초안)

- 사고방식: 과거의 경험·강점의 곱셈='브랜드'×'인터넷 쇼핑몰'×'글로벌 테크놀로지' 아재 창업답게 Scale(규모)/Success Rate(성공 확률)/Speed(성장 속도)에 집중한다
- 비전: **'차세대 브랜드와 인재 발사대'**

어떻게 싸울까?	대형 제조기업	MOON-X
공통점	- 한 브랜드가 아닌 여러 브랜드의 포트폴리오로 승부 - Consumer First의 접근 - 조직 내 횡적 연계 능력(사업 운영. 마케팅, 공급체인 etc.)	
차이점	- 온라인 중시(마케팅·판매) - 기업 내 제조 라인 - 단발성 소비자와의 구매 관계	- 디지털 1st, 모바일 1st - OEM에 의한 제조 위탁 - CRM/정기 구독으로 관계 지속

토론

- (질문) 비전과 전략을 듣고 뭔가 조언/정보가 있는가? 개인적으로 가슴 뛰는 내용인가?
- (질문) 어떤 업계나 시장에 주목해야 한다고 생각하는가?

하세가와 신

※위 예시는 가공한 내용이다※

CHAPTER 13

배움의 축적①

3개월에 한 번 배움 정리하기

일정 기간 습득한 내용을 1페이지로 정리할 때 사용

1페이지는 배운 것을 축적하고 정리할 때도 활용할 수 있다. P&G 시절 나와 팀원들은 3개월에 한 번 각자 배운 내용을 정리하는 1페이지를 만들었다. 다시 만든다면 어떤 형태가 좋을지 생각하면서 작성한 1페이지가 이번 예시다.

어느 영역에서 무엇을 배웠는가? 배운 배경과 문맥은? 배운 내용을 토대로 어떻게 행동을 변화시킬 것인가? 이러한 내용을 표로 정리했다.

또 필수는 아니지만 표 아래에 참고 정보로 3개월 동안 읽은 책의 감상도 넣었다. 책을 통해 얻은 배움도 크기 때문이다.

이 1페이지의 포인트는 배운 점을 딱 세 개만 쓴다는 점이다. 3은 마법의 숫자라고 해도 과언이 아니다. 딱 좋은 안배다. 여러 상황에서 의식하며 사용하는 숫자다.

그리고 또 한 가지 포인트는 표로 정리한다는 점이다. 역시 표는 생각이나 정보를 정리하는 데 매우 효과적이다. 이 서식을 모두가 통일 포맷으로 활용한다.

나아가 팀원 모두가 1페이지를 발표하는 장을 마련한다. 발표를 통해 자신의 배움을 돌이켜보는 한편 지식을 공유함으로써 서로가 서로에게 자극을 받을 수 있다. 그도 그럴 것이 3개월이나 열심히 일했는데 자신 있게 발표할 만한 주제가 세 가지도 되지 않는다면, 그 사람은 조금 씁쓸하기도 하고 창피한 생각도 들게 마련일 것이다. 이러한 긍정적인 긴장감이 팀 안에 감돌게 하는 것, 이것도 하나의 의도다.

가로쓰기로 한 이유는 표에 담기 편하기 때문이다. 이번 사례 같은 내용은 키워드뿐 아니라 문장으로 기술해야 하는 부분도 많아서 가로쓰기가 눈에 더 잘 들어온다.

사실 배운 점 세 가지를 정리하는 1페이지는 내가 P&G에서 일할 때 시작했다. 그때 나는 팀원 모두의 1페이지를 파일로 정리해 뒀다. 그리고 이동하는 팀원이 있거나 혹은 내가 이동할 때 파일링해 놓은 예전 1페이지 묶음을 꺼내서 '이렇게 성장했으니 앞으로도 열심히 하길 바란다'는 메시지와 함께 기념으로 건넸다. 이처럼 1페이지는 자신의 배움, 그리고 팀원의 배움을 축적해 성장을 가속화하는 데에도 도움이 된다.

2022년 10월 10일

과거 3개월(2022년 7월~9월): 배움 Top3

여기에서 배움을 정리하는 목적은, 성공/실패를 정기적으로 돌아보고 활용하여 프로페셔널 리더 마케터로서의 성장을 가속화하기 위해서다.

영역	배운 점	어떻게 배웠는가?	행동에 어떻게 반영했는가?
커뮤니케이션	메시지는 비교를 통해 명확하고 강력해진다.	[채용 면접] – 인상에 남는 이력서는 '다른 사람과 비교해 무엇이 다른가?'가 한눈에 확연하다 사실을 알았다. [경영 회의] – 청중은 '합의 사항과 뭐가 다른가?' '이전 브랜드와 뭐가 다른가?' '지금 결단하는 것과 다음 달 결단하는 것과의 차s이는?' 등의 질문을 하면서 무의식적으로 상황을 이해하려 한다는 사실을 알았다.	– 자료를 공유하기 전에 비교가 명확한지 1분간 재확인하는 시간을 갖는다. 예) '있는 때 vs. 없는 때의 차이'나 '새로운 도전 vs. 지속적인 대처'
조직	승진 전부터 기준을 높이 설정하고 고생해 두면, 승진 후가 매우 편하다.	[부하의 승진] – 부하 직원에게 승진 소식을 전할 때도 기뻤지만, 매니저로서 첫날부터 활약하는 모습을 보니 더 기뻤다. 이전부터 자신에 대한 기대치를 높게 설정하고 힘들지만 그 기대치를 뛰어넘으려 노력해 온 결과라고 느꼈다. – 매니저로서의 성공 확률을 높이기 위해서는, 승진 전에 비즈니스·조직의 리더로서 필요한 기술이나 정신을 단련해 둘 필요가 있다. 반대로 매니저가 되고서 급하게 배우려 해도 너무 늦다.	매니저가 된 후 적용하는 평가 기준을 선취해서, 엄격한 어시스턴트 매니저 코칭을 시작한다.
조직	경험이 적은 사원에게는 목적의 재확인이 최고의 도움이 된다.	[부하 직원의 코칭] – 젊은 사원은 열의도 있고 능력도 있는데 왜 더 활약하지 못할까가 늘 의문이어서 답을 찾고 있었다. – 그들/그녀들은 정말 필요한 것을 정리하기 전에 행동해 버리기 일쑤라 그렇다는 사실을 깨달았다(예: 제안서를 써 낸다, 미팅을 세팅한다).	어떤 평가가 됐든, 먼저 '목적은 무엇인가?'를 묻는다. 언어화되지 않을 때는 숙제로 한다.

(참고) 최근 읽은 책에서 배운 점

제목	설명	배운 점·기억에 남는 부분
손자	– 손무에 관한 소설로 그의 인생과 『손자병법』이 쓰여진 배경이 담겨 있다. – 저자는 유명한 역사소설가 가이온지 조고로(海音寺潮五郎)이며, 1964년에 출간된 책이다.	– 손자의 분석은 직접 발로 걸으며 전장을 살피는 것에서부터 시작된다. – 결국 『손자병법』은 감정, 의지, 그리고 논리를 겸비한 한 인간에 관한 책이다. 인간에 대한 깊은 이해 없이 유능한 전략가가 될 수 없다. 따라서 시문을 읽는 것도 배움이다. – 마케팅도 마찬가지다. 인간을 깊이 이해하지 않고는 소비자의 지각을 변화시키는 유능한 마케터가 될 수 없다.

하세가와 신(브랜드 매니저)

※위 예시는 가공한 내용이다※

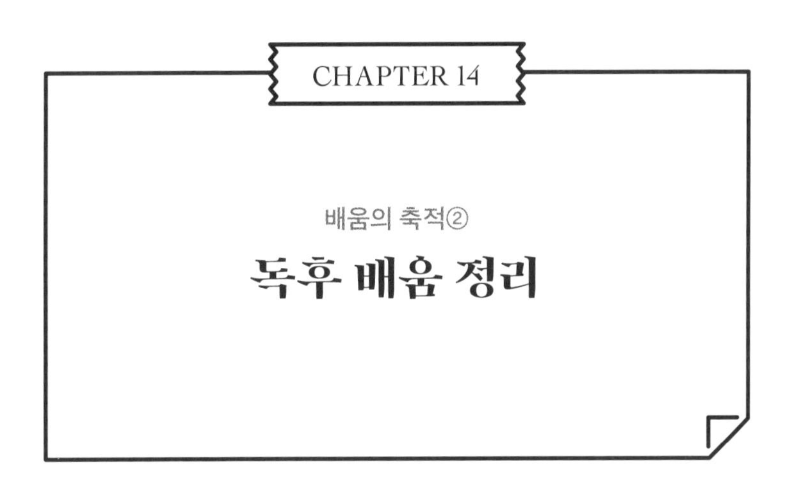

책을 읽고 내용을 1페이지로 요약 정리할 때 사용

나는 특별히 깨달음이 많았던 책을 요약할 때도 1페이지를 활용해 배움을 축적한다. 책을 읽고 궁금한 점, 도전받은 점 등을 정리한다. 책을 통한 배움은 매우 중요하다. 그러나 사람은 망각의 동물이다. 기록해 두지 않으면 대부분 기억하지 못한다. 그래서 한 장의 종이에 남겨 두는 것이다.

항목은 '배운 점' '설명' '행동을 어떻게 바꿀 것인가?' 세 가지다. '배운 점'은 대개 세 가지에서 다섯 가지 정도로 한다. 너무 많으면 그야말로 묻혀버릴 수 있다. 그토록 강렬했던 깨달음도 흐릿해지고 만다. 내 안에 쌓이지 않고 사라져 버리는 것이다.

또 책의 포인트나 설명에 그치지 말고 '어떻게 행동을 바꿀까?'까지 한 걸음 더 들어간다. 이것은 책에 쓰여 있지 않으므로 스스로 생각해야 한다.

사실 머릿속으로만 '좋은 말이네' 하고 끝나면 아무것도 바뀌지 않는다. 반은 억지로라도 배운 점을 어떻게 활용할지까지 언어화해야 의미가 있다고 생각한다.

다시 말해 '독서 감상문'에서 그친다면 성과로 이어지는 기술을 연마하기에는 부족하다. 행동을 해야 가치가 있다는 말이다. 따라서 '배운 점'이 있다면 '자, 실제로 어떻게 행동할 것인가?'까지 생각하자. 이때는 배운 점을 어떤 업무에 어떻게 적용할지 등 구체적인 부분까지 분명히 기록하는 게 좋다.

확실한 배움 축적을 위한 효과적인 방법은 바로 주변과의 공유하는 것이다. P&G 시절에는 배운 점이 많았던 책은 내용을 요약해 팀원들과 나누고, 주간 팀 미팅 주제로 삼기도 했다.

공유를 하면 자기 안에 쌓이는 건 물론이고 언어화해서 정리함으로써 타인에게도 영감을 줄 수 있다. 그리고 정리하면서 배운 점을 다시 음미하는 시간도 가질 수 있다. 공유를 통해서 독서 ROI(투자 수익률)가 상당히 높아지는 셈이다.

나는 책을 끝까지 다 읽고 1페이지를 정리하는 편이다. 책을 볼 때는 반드시 펜을 들고서 마음에 와 닿는 부분에 밑줄을 긋기도 하고, 느낀 점이 있으면 페이지 여백에 쓰기도 한다. 그리고 다 읽은 후에는 다시 처음부터 책장을 넘기며 밑줄이나 메모 가운데 중요한 포인트만 뽑아서 요약한다.

최근에는 오디블Audible(아마존과 합작한 오디오북 회사-옮긴이)에서 종종 책을 '듣기도' 한다. 이때는 옆에 스마트폰을 놓고 듣다가 감명 깊은 구절이 있으면 바로 스마트폰 메모에 기록한다.

여기에 소개한 사례는 일본 장기의 최고수 하부 요시하루羽生善治가 쓴 『결단력』이라는 책을 읽고서 감상을 정리한 내용이다. 지금까지 살면서 많은 책을 읽었지만, 누가 한 권만 추천해 달라고 하면 나는 망설임 없이 이 책을 고른다.

승부를 가르는 대국을 1,000번 넘게 치른 초일류 장기 기사가 확신에 찬 어조로 "직감으로 한 선택의 70%가 옳았다."라고 말하는 대목은 무척 설득력이 있었다. 또 '결단과 위험은 한 세트'라는 메시지도 인상 깊었다. 비즈니스와 커리어의 세계에서는 리스크 없이 좋은 결단이 불가능하니 과감히 전진하라고 용기를 주는 말이었다. 망설여지는 순간 최종적으로 어떤 판단을 내릴 것인가, 리스크와 어떻게 마주 보고 결단하며 나아갈 것인가. 행동 변화라는 면에서 큰 힌트를 얻었다.

배움이 특별히 많은 책은 몇 번이고 되풀이해 읽기도 한다. 흥미로운 점은, 언제 읽느냐에 따라 배움의 포인트가 달라진다는 점이다. 이 차이가 내 경력이나 인생에 힌트가 될 때가 많았다. 이러한 변화를 '가시화'하기 위해서라도, 책을 읽으며 밑줄을 긋고 메모를 남기거나, 예시처럼 1페이지를 만든다거나 하면 분명 배움의 축적으로 이어지리라 확신한다.

2022년 8월 1일

하부 요시하루의 『결단력』이 준 배움 5가지

본 지면의 목적은 책을 읽고 끝나는 것이 아니라, 책을 통해 배운 점을 언어화해서 축적함으로써 자아 성장을 가속화하는 것이다.

배운 점	설명	행동을 어떻게 바꿀 것인가?
직감으로 한 선택의 70%가 옳다	- 과거 천 번 이상의 대국을 치르면서 걸출한 성과를 남긴 하부 씨가 말하길, 직감에 의지해 둔 수의 70%는 옳은 선택이었다. - 특히 승패가 갈리는 중요한 순간에는 깊이 생각하지 말고 단순하고 짧게 생각해야 한다. 막혔을 땐 정리정돈. - 결단할 때는 그 수가 위험하더라도 알기 쉬운(=간단히 이길 수 있는) 수를 선택한다.	- 복잡한 상황에서 사업적인 의사 결정을 할 때, 직감을 믿고 단순한 쪽을 선택하도록 한다.
대국관과 감성의 균형	- 아슬아슬한 승부에서 힘을 발휘하기 위해서는 대국관과 감성의 균형이 중요하다. - 대국관(大局觀)이란, 지금 어떤 상황이고 앞으로 무엇을 해야 하는지, 본질을 꿰뚫어 보며 상황을 판단하는 힘을 말한다. - 감성이란 독서를 하거나 음악을 듣거나, 장기 세계 이외의 사람과 만나는 등 다양한 자극을 통해 종합적으로 다듬어지는 힘을 말한다.	- 평소 눈앞의 것보다 전체적인 파악을 우선한다. 또 감성을 예리하게 다듬기 위해 비즈니스 이외의 자극을 적극적으로 추구한다(예: 서핑, 킥복싱).
결단과 위험은 한 세트	- 결단은 무섭지만 앞으로 나아가려는 용기를 시험한다. 위험을 피하면 상황은 점점 나빠질 뿐이다. - 위험의 크기는 가치의 크기에 비례한다. 위험을 적극적으로 짊어지면 미래의 위험이 최소한으로 줄어든다. - 위험을 피하면 대전에서는 이겨도 좋은 장기는 남길 수 없으며, 다음 단계로 이행할 수 없다.	- 의사 결정 시 필요 이상으로 위험을 두려워하지 않는다. 그렇다고 마구잡이로 위험에 뛰어들라는 말은 아니며, 위험을 이해하고 분석한 뒤 얻을 수 있는 가치가 크면 적극적으로 뛰어든다.
승부는 자신의 존재 의의의 확인	- 장기의 즐거움 중 하나는 스스로의 존재를 확인할 수 있다는 점. - '이런 걸 해냈어' '이런 걸 생각해냈어'라는 기쁨이 인생을 더욱 즐겁게 해준다. - 나이 불문하고 늘 그때그때 최선을 다할 수 있는 환경에 자신을 두어야 한다. 인생을 풍요롭게 만드는 최고 포인트다.	- 비즈니스와 정면으로 맞설 수 있는 지금의 환경에 감사하며, 힘든 상황 속에서도 최선을 다하는 태도가 인생을 풍요롭게 만듦을 믿는다.
재능이란 열정+에너지+동기	- 예전에는 재능이란 순간의 반짝임이라고 생각했는데, 지금은 10년·20년·30년 동안 동일한 열정을 쏟을 수 있는 능력이라 생각한다. - 앞으로 나아가려는 의욕이 조금이라도 있는 사람은, 비록 다른 이보다 더딜지언정 좋은 결과를 남긴다. - 페이스를 놓쳐도 계속할 것. 매일 조금씩이라도 지속하는 것이 중요하다. 무리해서 도중에 그만두느니 '느린 소걸음'으로 기어를 바꾸는 편이 낫다.	- 내 라이프워크인 '차세대 리더 육성'도 조금씩이라도 좋으니 항상 새로운 도전을 하며 한 걸음씩 앞으로 나아가도록 하자.

CHAPTER 15

인생·커리어①

멘토와의 커리어 상담

믿고 의지하는 사람에게 여러 가지 상담할 때 사용

나에게는 무엇이든 상담할 수 있는 인생의 스승과도 같은 경영자 선배가 있다. 이런 멘토와 몇 개월에 한 번 30분 정도 상담할 때가 있다. 그럴 때 나는 이야기하고 싶은 화제를 1페이지에 정리해 가는데, 이번에도 예시용으로 만들어 봤다.

무척 바쁜 분들을 상대로 강하면서도 부드럽게, 그리고 다방면의 주제에 관해 폭넓게 이야기를 나눠야 하기 때문에 미리 1페이지로 정보를 정리해서 30분 동안 핵심 내용만 집중적으로 다룰 수 있게 준비한다.

예시에서도 표를 사용해 '축하' '감사→보고' '상담' '부탁' 순으로 각 화제의 의도를 왼쪽에 적었다. 무언가를 상담할 때의 가장 핵심은 결국 원하는 게 무엇인지를 분명히 하는 일이다. 보고하고 싶은지 부탁하고 싶은지, 아니면 구체적인 조언을 받고 싶은지 명료히 밝히면 상대도 어떤 마음가짐으로 들으면 좋은지 미리 알 수 있어서 도와주기도 쉽다. 또 30분 동안 얼마큼의 내용을 다루려고 하는지도 미리 파악할 수 있기에 시간 사용에서도 같은 이미지를 공유할 수 있다.

인생·경력·사업 상담

의도	핵심 포인트	질문 사항
축하	· 이사 취임 축하드립니다!	· 앞으로는 엔젤 투자+회사 경영?
감사 → 보고	· 체제 관련 조언 → CFO 채용을 개시했습니다	· 폐사에 최적의 CFO 인재상은?
	· 투자처 소개 → 두 회사 모두와 회의했습니다	· 투자처와 어떤 식으로 관계를 맺고 있는가?
	· 자기 브랜딩 힌트 → 정보 발신 내용을 수정했습니다	· 외부에서 어떻게 보이는가?
상담	· M&A 진행 방법, 특히 오너 대하는 법 · IPO를 위한 스토리 · 인생 계획에 대해	· 어떤 태도로 대할 것인가? · 초안(별지)에 대한 의견은? · 타이밍이나 내용 수정은?
부탁	· 정식 어드바이저 취임 검토 · 전(前) 팀원도 함께 하는 취임 축하연 개최	· 가능성? 고려해야 할 포인트? · 가능한 날짜·시간 후보는?

바쁜 이에게 귀중한 시간을 받았으니 그 시간을 온전히 활용하려면 역시나 창의적으로 아이디어를 짜내며 미리 준비하는 과정이 필요하다. 이외에도 여러 상담에 응해주시는 전문가나 선배들도 있다. 1페이지는 어떤 주제로든 유용하게 사용할 수 있다.

CHAPTER 16

인생·커리어②

인생 계획 짜기

앞으로 인생을 어떻게 살지 고민할 때 사용

마지막으로 소개할 내용은 앞으로 인생을 어떻게 살지 고민한 내용을 담은 1페이지다. 이번에 책을 내면서 조금 조정하고 가공하긴 했지만, 사실 이 1페이지가 있었기에 나는 P&G를 거쳐 라쿠텐과 페이스북을 경험한 후 창업에 이르게 되었다고 생각한다.

굳이 시간을 들여 이런 1페이지를 만들지 않아도 척척 성공하는 사람도 많다. 그러나 유감스럽게도 나는 그런 유형의 사람이 아니다. 그래서 1페이지를 만들고 인생에 대해 깊이 고민하면서 앞으로 한 발 한 발 우직하게 걸어갈 수밖에 없었다.

이 1페이지의 기본이 된 양식은 2004년에 만들었다. 셀 수 없을 만큼 많은 실패와 함께 나름의 경험을 쌓으면서 업무를 해결하는 방법을 차츰 발견해 가던 시기였다. 그중에서도 소위 프로젝트 매니지먼트 수법에 큰 감명을 받았다. 먼저 성공의 이미지와 목표를 정의한 뒤 거기서부터 언제까지 무엇을 할지 두 단계에 걸쳐 분명히 하는 것이었다. 매우 설득력이 있었다.

STEP1 Define Success 프로젝트가 성공했다고 말할 수 있는, 달성해야 하는 상태는?

STEP2 Dates&Gates 그 성공을 위해 언제까지 무엇을 해야 할까?

이 방법으로 프로젝트를 운영하면 앞뒤 덮어놓고 의욕이나 근성만으로 일을 추진할 때보다 눈에 띄게 효율이 올라가는 걸 직접 몸으로 경험했다.

그러다 문득 '인생에도 이 방법을 응용하면 되지 않을까?' 하는 생각이 들었다. 그래서 인생이나 경력을 프로젝트라 가정하고 철저히 관리해서 성공 확률을 높여보자고 마음먹었다.

마침 2004년 연말 휴가 때 간 발리에서 시간적인 여유를 갖고 인생이라는 프로젝트를 매니지먼트하는 데 밑바탕이 될 계획을 고민해 보기로 했다.

내 인생을 프로젝트라고 가정하면 어떻게 될까? 인생 목표는 무엇인가? 그러기 위해서는 어떤 작전을 세워야 할까? 무엇이 필요할까? 또 무엇으로 성공을 측정할까? 머릿속에 떠오르는 생각을 하나하나 적으며 정리했다.

가장 먼저 한 일은 내 인생에서 성공이란 무엇인지를 정의하는 일이었다. 여러 생각이 떠올랐지만 결국은 '죽는 순간'이 가장 중요하게 다가왔다. 죽음 앞에서 나는 어떤 모습이길 바라는지, 이것이 인생의 궁극적인 목표라고 생각했다. 나는 인생 마지막 순간에 어떤 모습이길 원할까? 나의 바람은 이러했다.

'자녀나 손주들에게 부끄럽지 않고 당당할 수 있는 삶'

진지하게 스스로와 마주한 결과, 내가 원하는 것은 부자가 되거나 주위로부터 부러움을 받거나 사회적 의의를 추구하는 고상한 게 아니라, 더 단순하고 피부에 와닿는 것임을 깨달았다.

자기중심적이고 볼품없다는 생각도 들었지만, 마음속 깊은 곳에서 우러나온 이상적인 마지막 순간의 이미지였기에 충분히 만족스러웠다.

성공의 정의를 설정한 후에는 어떻게 하면 당당한 인생이 될지 구체적으로 상상했고, 거꾸로 계산하면서 'Dates&Gates'(언제까지 무엇을 해야 하는가?)를 생각했다.

이를테면, 투자은행과 같은 금융 업무는 멋있고 돈도 많이 벌 수 있을지 모르지만, 내 경우엔 왠지 피부로 와 닿지 않는다. 이런 식으로 성공의 정의에 비춰보며 구체적인 이미지를 굳혀 나갔다.

그러자 몸도 마음도 건강할 때 진심으로 열정을 다할 수 있는 일에 인생을 쓰고 싶다는 마음의 소리가 들리기 시작했다. 내가 라이프워크로 정한 일, 즉 일본에서 세계로 뻗어나가는 글로벌 리더를 활발히 육성하고 있는 모습 그리고 당시 시작한 지 얼마 되지 않은 서핑을 즐기고 있는 모습이 그려지기 시작했다.

45세에 이 모든 것을 이루려면 어떻게 해야 할까? 그 과정은 무작정 달려든다고 되지 않을 것이다. 아이들도 이해할 수 있고 나도 솔직하고 자신 있게 말할 수 있는 스토리가 필요하다고 생각했다. 그것이 바로 이것이었다.

'비즈니스 업계에서 사업으로 진검승부를 펼쳐 성공한다'

물론 시간은 걸린다. 실현 시점이 45세면, 35세쯤에는 창업을 해야 한다. 10년 정도 걸려 사업을 성공 궤도에 올려놓고, 열정이 샘솟는 분야에 나머지 인생을 쏟아붓는다. 조잡하고 미숙하긴 하지만 내 나름의 인생 계획이 생긴 것이다.

이때 발리에 동행한 친구는 인생이나 일에 대해서 자주 이야기를 나누던 동기였다. 그에게도 보여주려고 인생 계획을 1페이지로 정리했다.

외국계 기업에서는 사업 최고 경영자나 각 부서장이 문서에 사인을 해야 프로젝트가 가동하는 경우가 있다. 그걸 살짝 흉내 낼 요량으로, 나도 1페이지에 사인을 하고 친구의 사인도 받은 후 "인생 계획 실현을 위해 열심히 전진해 보자!"라고 조촐하지만 킥오프를 했다.

당시 나는 27세였는데, 35세에 사업을 일으켜 성공하기 위해서는 무엇이 필요한지 필사적으로 생각했다. 물론 부족한 기술과 능력이 많았다. 전략적으로 생각하는 힘은 있을까? 채용 능력이나 금융에 대한 이해력은?

이런 식으로 무엇이 필요한지 철저히 찾아냈다. 그리고 나서 연초에 올 한 해는 어떤 기술을 익힐지, 어떤 분야에서 무엇을 할지, 생각해서 1페이지로 정리했다.

그리고 1년이 지나면 작년에 만든 1페이지를 보면서 직접 평가를 했다. 이 평가에 기초해 새로운 1년을 어떻게 보낼지 고민했다. 지난 1년 동안 인생 계획에서 정의한 성공에 얼마나 가까워졌는지 엄격히 평가했고, 더 가까워지기 위해 다음 해에는 무엇을 해야 할지 찾아내 그것을 신년 계획에 반영했다.

몇 년 동안 계속된 이 작업은 모두 한 권의 노트에 정리해 두었다. 바꿔 말하면, 내 인생의 도전과 생각을 축적하는 시스템을 만든 셈이다.

인생이나 경력은 폭이 넓어서 고민하기 시작하면 같은 곳만 뱅뱅 돌다 끝나기 십상이다. 그러나 이 시스템 덕분에 생각을 축적하고 길을 잃었을 때 다시 돌아갈 원점을 가질 수 있었다.

1년을 돌아볼 때는 회사나 상사의 평가보다, 인생 계획의 계단을 하나둘 착실히 올라가고 있는지가 나에게는 더 중요했다. 왜냐면 회사의 평가는 내가 컨트롤할 수 없는 부분도 많기 때문이다. 운에 좌우되는 면도 크다. 그러나 인생 계획 덕분에 나름의 평가 기준을 가질 수 있었다.

재미있는 점은 내가 정한 평가 기준을 좇아가다 보면, 회사 평가도 뒤따를 때가 많았다는 사실이다. 인생 계획을 실현하기 위해 스스로 생각하며 적극적으로 행동한 덕분이다.

예를 들어 더 빨리 브랜드 매니저로 승진해 책임 있는 자리를 맡아 팀을 리드하는 능력을 익히고 싶다는 간절한 바람이 있으면 승진에 대한 의지도 생긴다. 그러면 당연히 주위보다 더 높은 뜻을 가지고 일을 한다. 결과적으로 승진이 빨라지는 것이다.

힘든 업무도 많았지만, 그럴수록 오히려 성장에는 약이 된다는 자세로 업무에 임했기 때문에 성과를 올릴 수 있었고 능력도

키울 수 있었다.

이직 등 경력에 큰 변동이 있을 때도 최종적으로는 인생 계획에 비추어 보고 어떻게 할지 고민하고 결단했다. 안정적으로 다니던 글로벌 기업을 퇴사한 이유도 어떻게 하면 내 사업을 시작할 수 있을지 진지하게 생각하고 내린 결론이었다.

결과적으로 35세라는 창업 마일드스톤은 41세로 미뤄졌지만, 그래도 괜찮다고 스스로 납득할 수 있었다. 왜냐면 그때마다 '원래 인생 계획을 늦춰서라도 이 일을 하고 싶은가?'를 두고 나름대로 진지하게 고민하며 판단했기 때문이다.

이대로는 창업해도 성공하지 못하겠다는 생각이 들었을 때 인터넷 세계를 알고자 라쿠텐에 들어갔고, 그 후 고심 끝에 페이스북재팬의 대표이사 자리를 수락한 이유도 창업을 늦춰서라도 글로벌 규모의 IT 기업에서 경험을 쌓으면 성공 가능성이나 성공했을 때의 규모가 극대화하지 않을까 하고 생각했기 때문이다. 그 대신 한 해 한 해를 낭비하지 않겠다는 각오를 다졌다. 당연히 받아준 회사나 동료에게 조금이라도 공헌하고자 열심히 노력했다.

모두 1페이지를 활용해 인생 계획을 정리하는 과정이 있었던 덕분에 가능한 결단이었다. 창업해서 성공하고 싶다면, 그렇게 빙 돌아가지 말고 얼른 일을 벌이는 편이 빠르지 않냐고 생각하는 사람도 있을지 모르겠다. 그것도 맞는 말이다.

그러나 적어도 당시 나에게는 아무것도 모르는 상태로 창업을 시도하기보다는, 회사에 다니며 기술을 연마하면서 기한을 정해 차근차근 준비해 가는 방법이 더 현실적으로 느껴졌다. 자신의 성격과 속도도 고려해 어디서 절충점을 찾을지, 어떤 속도로 갈지, 그 각오를 구체적인 형태로 정하는 일은 매우 중요하다.

나는 지금도 죽음의 순간과 현재와의 간극을 의식하면서, 매년 새로운 연간 계획을 세우고 있다. 그런 의미에서 이 1페이지는 내 인생의 나침판이라 할 만하다. 실제로 창업까지 나를 이끌어 준 것도 1페이지다. 1페이지는 미팅이나 비즈니스 상담뿐 아니라 인생이나 기술 습득, 커리어 만들기에도 활용 가치가 높다.

독자 여러분도 만약 조금이라도 관심이 생겼다면, 연말연시 등 여유로운 시간을 활용해 꼭 자기 인생의 '성공의 정의', 그리고 거기에 도달하기 위한 'Dates&Gates'(언제까지 무엇을 할까?)를 되도록 구체적으로 종이에 써 보기를 권한다. (명칭이 '프로젝트 〈마우이〉'인 이유는 언젠가 하와이의 마우이섬으로 이주하고 싶다고 생각했기 때문이다.)

처음부터 완벽할 필요는 없다. 조금씩 수정해 가는 형태로라도 괜찮다. 가정이라도 좋으니 언어화해서 1페이지로 만드는 과정 자체가 중요하다.

상황이 언제나 생각대로 흘러가는 건 아니다. 그러나 인생의 목표와 마일드스톤을 정하고 꾸준히 노력하면 전반적으로는 원했던 방향으로 나아가게 된다. 나도 그랬다. 그야말로 1페이지가 있었기에 내 인생이 이렇게 흘러올 수 있었다.

2004년 11월 22일

프로젝트 '마우이' 기획

본지면은 내 인생과 경력을 '프로젝트 매니지먼트'하기 위한, 현 단계에서의 인생 계획 정리다.

배경:

- 사회적으로 매우 우수하고 열심히 사는 사람도, 그들의 삶 자체는 평범한 경우가 많다. 가령 일류 기업에 입사했다 해도 다른 기업보다 대우 등이 현격히 다른 경우는 드물다.
- 열심히 사는 건 전혀 나쁜 게 아니지만, 자신의 인생과 가족, 열정의 대상에는 자기도 모르는 새에 소홀해지곤 한다.
- 나는 스스로의 인생을 하나의 프로젝트라 가정하고 그것을 계획·실행·관리해 가는 일에 도전해 보기로 했다.

목적:

- 누구에게도 휩쓸리지 않는, 자유롭고 충실한 인생을 사는 것

목표:

- 장기: 인생의 막바지에 자녀와 손주들에게 부끄럽지 않고 당당한 삶
- 중기: 45세까지 생활비 벌이가 목적이 아닌 열정이 샘솟는 분야에 주력할 수 있는 상태 만들기
- 단기: 35세 전에 내 회사를 설립해서 비즈니스 업계에서 정면승부. 45세까지 성공

전략:

- 수법: 회사원으로서 확실히 기술을 연마한 후, 회사를 설립해 성공시킨다.
- 강점: 다음과 같은 기술과 경험을 활용한다.
  - 1) 마케팅/매니지먼트/글로벌 커뮤니케이션
  - 2) 일본계와 외국계 최고 기업에서 근무한 경험
  - 3) 교토대학교, 도쿄해상, P&G 등에서 쌓은 네트워크
- 관리: 매년 연초에 인생 계획의 일보 전진을 위한 행동 계획을 만들고 연말에 평가한.

회사 설립 계획(현 시점에서의 초안):

- IDEA: 일본계 기업의 사업 확대 지원, 마케팅 컨설팅 회사 설립.
- WHO: 이하의 조건을 만족하는 일본계 기업
  - 마케팅력 보강 시 성장 기회가 높다.
  - 성장을 위해 자원(자본과 인재)을 투자할 여력이 있다.
  - 경영진에 네트워크가 있다.
- WHAT: 효율적인 매스마케팅으로 비용을 줄이고 재투자도 하면서 성장을 가속화한다.
  - 1)다른 기업과 함께 구매해서 구매 단가를 낮춘다.
  - 2)소비자 이해를 바탕으로 더 효율적·효과적인 홍보 마케팅 계획을 세운다.
  - 3)대리점과의 협업 및 사전 테스트를 통해 콘텐츠의 질을 대폭 높인다.

  P&G에서 실증된 데이터에 기초한 논리적·과학적인 마케팅 수법으로 성장을 실현한다.
  - 1)WHO/WHAT/HOW: 타깃, 편익, 미디어의 명확화, 연마
  - 2)인지/획득/재구매: 데이터에 기초해 과제 추출, 지속적인 PDCA(Plan, Do, Check, Act) 실행
  - 3)평가 시스템: 조직의 목표에 기초한 인재 경영 시스템
- HOW: 네트워크를 활용해 경영진에 접근한다. Push가 아닌 Pull로 안건이 오게끔 한다.

위험:

위험	수준	위험 최소화 플랜
지속적인 수입	저	회사 경영이 순조롭지 않을 경우, 경험을 살려(실패 포함) 회사원으로 복귀
심신 건강	중	도전 도중 심신의 건강을 해쳤을 경우를 대비해 생명보험을 재검토한다

넥스트 스텝:

- 2005년 1월 마우이 프로젝트 설립서(본지면) 완성
- 2005년 말 브랜드 매니저 승진을 목표로 한다(승진이 목적이 아니라 성장과 경험을 위해)
- 2006년 말 현직에 남을지, MBA/컨설팅 등에 도전할지, 커리어 판단을 한다.
- 2012년 말 회사를 설립한다.
- 2022년 말 라이프워크로서의 인재 육성 등에 주력, 하와이 마우이섬 이주도 검토

하세가와 신

※위 예시는 가공한 내용이다※

PART 4.

우선 손으로 쓰며 생각한다

CHAPTER 1

'손으로 쓰면서' 뼈대를 만든다

노트에 대강의 흐름을 짠다

마지막 장에서는 1페이지를 어떻게 만드는지 그 과정을 소개하려고 한다. 중요한 것은 갑자기 노트북을 열고 1페이지를 만들려 하지 말고, 충분히 생각한 후에 작성해야 한다는 점이다.

그래서 나는 노트에 손으로 직접 그리고 쓰면서 초안을 만든다. 주로 몰스킨의 B5 사이즈 노트를 사용하는데, 왼쪽 페이지에는 1페이지의 뼈대가 되는 핵심 포인트를 쓴다. 그리고 오른쪽 페이지에서 형태를 잡는다.

〈저자가 손으로 쓴 메모(위)와 해석(아래)〉

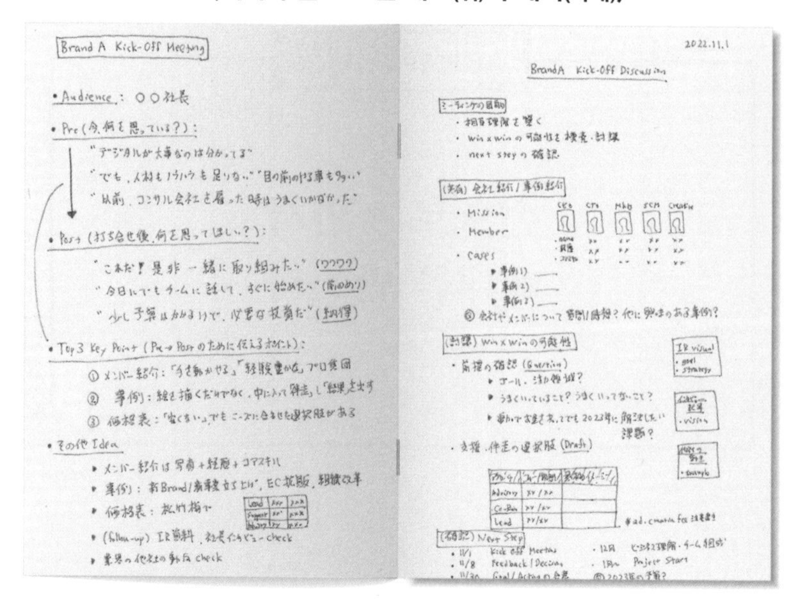

Brand A Kick-Off Meeting

- Audience: ○○○사장님
- Pre(지금 하는 생각은?):
  "디지털이 중요하다는 건 알고 있다"
  "그러나 인재·노하우 모두 부족하다" "눈앞의 일들도 많다"
  "예전에 컨설팅 회사를 고용했을 때 기대 이하였다"
- Post(미팅이 끝나고 하길 바라는 생각은?):
  "바로 이거야! 반드시 같이 해야겠어"(기대감)
  "오늘이라도 팀에 말해서 당장 시작하고 싶어"(적극적)
  "예산은 좀 들겠지만 꼭 필요한 투자야"(납득)
- Top3 Key Point(Pre→Post를 위해 전해야 할 포인트):
  ① 팀원 소개: '능력 있고' '경험이 풍부한' 프로 집단
  ② 사례: 그림을 그리는 데 그치지 않고 안으로 들어가 '반주(伴走)' '결과'를 낸다
  ③ 가격표: '저렴한 가격'은 아니지만 니즈에 맞춘 선택지가 있다
- 그 밖의 Idea
  ▹ 팀원 소개는 사진+경력+코어스킬
  ▹ 사례: 새로운 BRAND/신사업 기획, EC 확대 판매, 조직 개혁
  ▹ 가격표: 상·중·하 3등급으로

Lead	×××	×××
Support	×××	×××
Advisory	×××	×××

  ▹ (follow-up) IR 자료, 사장 인터뷰 체크
  ▹ 업계 타사의 동향 체크

Brand A Kick-Off Discussion

미팅의 목적

- 상호 이해 구축
- Win×Win 가능성 모색·토의
- next step 확인

(공유)회사 소개/사례 소개

- Mission
- Member
- Cases

	CEO	CTO	MKTG	SCM	Creative
·name	×××	×××	×××	×××	×××
·경력	×××	×××	×××	×××	×××
·코어스킬	×××	×××	×××	×××	×××

  ▹ 사례1) ________
  ▹ 사례2) ________
  ▹ 사례3) ________

Q. 회사나 팀원에 대한 질문/감상? 기타 관심 있는 사례?

(토의)Win×Win 가능성

- 전제 확인(Question)
  ▹ 목표·주력 영역?
  ▹ 잘 운영되고 있는 것? 그렇지 않은 것?
  ▹ 추가로 돈을 들여서라도 2023년에 해결하기 원하는 과제?
- 지원·반주 선택지(Draft)

어프로치	비용/기간	구체적 이미지
Advisory	××/××	
Co-Run	××/××	
Lead	××/××	

IR visual
- goal
- strategy

인터뷰 기사
- vision

타사 동향
- Example

*ad·creative 주의설명서

(확인)Next Step

- 11/1Kick Off Meeting
- 12월비즈니스 이해·팀 조성
- 11/8Feedback/Decision
- 1월~ Project Start
- 11/30Goal/Action 합의

Q. 2023년의 예산 범위는?

손을 움직여야 만족스러운 결과물이 나온다

왜 처음부터 컴퓨터로 1페이지를 만들지 않고 자필 메모부터 시작할까? 처음에는 누구나 시행착오를 겪을 수밖에 없기 때문이다. 자필 양면 메모를 작성하는 데에만 20~30분 정도 걸린다.

펜을 들고 실제 손을 움직이면서 종이에 쓰고, 쓴 내용을 직접 눈으로 확인하면서 만들어야 머릿속에서도 정리가 잘 되고 창조적인 아이디어도 잘 떠오르기도 한다. 사실 프레젠테이션에서 사용하는 파워포인트 슬라이드도 대부분 손으로 쓰면서 스토리를 먼저 생각한 다음 만들기 시작한다. 그래야 커뮤니케이션에 힘이 실리는 느낌이 든다.

물론 사람에 따라 방법의 차이는 있을 수 있다. 나는 종이에 집착하는 편이지만, 다른 방법이 정리가 더 잘 된다면 그 방법을 따라도 상관없다. 여기서 강조하고 싶은 부분은 충분히 생각하는 시간을 가지라는 것이다.

사진으로 소개한 메모는 수정한 흔적도 거의 없고 깨끗해 보이지만, 실제로는 지워지는 볼펜을 사용해 초안을 만들었다. 만약 일반 볼펜을 사용했다면 훨씬 지저분했을 것이다. 실제로 작성할 때는 쓰고 지우기를 반복했다.

우선 왼쪽 페이지에 중요 포인트를 쭉 적은 다음 오른쪽 페이지에서 정리하면서 형태를 만든다. 이 과정 중에서 '목적'을 위해 무엇이 필요한지 최선을 다해 깊이 생각한다. 그래서 초안이 갖는 의미가 매우 크다.

이 과정을 생략하면 정보만 너무 빽빽한 1페이지가 나오게 된다. 정보가 많을수록 좋다고 생각하는 사람도 있다. 그 마음도 이해한다. 그러나 한편으로 왜 정보 과잉이 되고 마는지를 생각해 보면, 생각이 완전히 정리되지 않았기 때문이다. 1페이지 사용 장면을 철저히 상상하지 못한 것이다.

특히 상대방에 대한 상상력이 부족한 경우가 많다. 자기가 말하고 싶은 것만 쓰려고 하니 정보량이 많아지는 것이다. 머릿속으로 상대를 생생히 그리며 정리하면 정보의 우선순위가 보인다.

1페이지를 사용하는 장면도 꼼꼼히 상상한다. 그러면 어떻게 해야 '목적'에 가까이 접근할 수 있는지가 떠오른다. 이 확인 작업을 소홀히 하면 정보량이 많아진다.

실제 상황인 것처럼 상대방과 미팅 장면을 상상하자. 예를 들어 무언가를 제안한다면, 상대가 제안서를 읽고 있는 장면이나 이야기를 주고받는 장면을 상상한다. 그러면 30분밖에 시간이 없는데 정보가 빼곡한 1페이지를 가지고 가는 것이 얼마나 어색한 일인지 깨닫게 된다.

이에 더해 '목적' '배경'이 1페이지 지면 대부분을 차지하지 않도록 주의한다. 중요한 것은 앞으로 나아가는 것이다. 공유뿐 아니라 '토의 포인트'와 '넥스트 스텝'에도 비슷한 공간을 할애하도록 의식하며 작성한다.

욕심이 과하지 않아야 행동하게 할 수 있다

골똘히 생각하며 손으로 쓰면 많은 이점이 있다. 그중 하나가 욕심을 부리지 않게 된다는 점이다. 손으로 메모를 하다 보면 많이 쓸 수 없다. 대화하는 장면을 상상하며 쓰고 지우고를 반복하다 보면 내용이 점점 압축된다. 이 과정이 없으면 행동하게 만드는 1페이지도 나오지 않는다.

마케팅 업무를 하면서 커뮤니케이션을 할 때에는 욕심을 부리지 않는 게 매우 중요하다는 것을 배웠다. 그 일례로 자주 소개하는 것이 내가 좋아하는 어느 자동차 회사의 TV 광고다. 광고 문구는 '질주의 희열'. 말로 전하는 메인 카피는 이 문장 딱 하나다. 나머지는 구불구불한 도로를 기분 좋게 질주하는 영상이 전부다.

자사 자동차를 대중에게 광고하자면 알리고 싶은 내용이 한두 가지가 아닐 것이다. 빠른 속도와 목조 내장, 올해의 차 선정, 풍부한 칼라, 경합차보다 뛰어난 연비, 다양한 대출 상품 등 줄줄이 늘어놓고 싶게 마련이다. 실제로 소비자에게 상품의 매력이 무엇인지 묻는 콘셉트 테스트를 하면 내용이 많은 제품일수록 높은 점수를 받는다. 장점이 많으면 보기에도 좋고, 그중 하나는 누군가에게 매력적으로 다가가기 마련이기 때문이다. 광고 내용이 많으면 테스트 결과도 좋다.

그러나 현실의 커뮤니케이션에서는 그렇지 않다. 거르고 거른 메시지가 크게 울린다. 여러 가지를 마구 집어넣어 설명하는 광고보다, '질주의 희열'을 직감적으로 전하는 TV 광고가 보는 이로 하여금 '저 차 타 보고 싶다' '갖고 싶다'라는 본능적인 욕구를 더 잘 불러일으킨다. 메시지 압축이 사람의 머리와 마음을 움직이는 힘이 되는 것이다. 사람을 움직이는 커뮤니케이션은 어느 정도 욕심을 내려놓아야 한다. 이것은 1페이지에서도 마찬가지다. 그러려면 깊이 생각해야 한다.

MOON-X를 설립하고 나서는 특히 비즈니스 상담이나 미팅 하나하나가 회사 전체에 큰 의미를 갖게 됐다. 사업 파트너와 하는 제휴 교섭은 그대로 회사 실적으로 직결되고, 개중에는 큰 금액의 자금 조달로 이어지는 미팅도 있다. 이렇게 회사 전체에 큰 영향을 미치는 미팅이라면 그야말로 1시간이 문제가 아니라 2시간, 아니 3시간이라도 충분히 생각할 가치가 있는 것이 1페이지 만들기다.

내용이 뭔지, 상대가 누군지, 관계는 어떤지에 따라 1페이지도 달라진다

지금까지 소개한 1페이지는 되도록 간략하게 만들려고 노력은 했지만, 어쨌든 대부분 비교적 정보량이 많은 편이었다. 그런데 일부러 여백이 많은 1페이지를 만들 때도 있다.

예를 들어 아직 관계가 서먹서먹하거나, 처음으로 사업 제휴를 교섭할 때다. 아직 서로에 대해 잘 모르는데 텍스트만 빽빽한 1페이지를 내밀면, 상대는 이쪽이 말하고 싶은 내용이나 유리한 내용만 적어 왔다고 생각할지도 모른다. 그럼 상대는 뒤로 한 발짝 물러설 수도 있다.

그래서 이럴 때는 내용을 상당히 응축해 간단하고 여백이 많은 1페이지를 만든다. 그리고 이야기를 듣고 관계를 구축하는 시간으로 돌린다. 무엇을 중요하게 생각하는지, 알고 싶은 내용은 무엇인지 공유할 수 있을 정도가 좋다. 본격적인 교섭은 다음에 할 작정을 하고, 무난하게 '넥스트 스텝'까지만 가면 된다는 마음으로 이야기를 나눈다. 이럴 때도 있는 것이다.

1페이지는 본 순간 이쪽의 의도는 상대에게 전해진다. 따라서 1페이지를 처음 봤을 때 상대가 어떤 인상을 받을지, 거기까지 상상하며 만든다.

또 미팅이나 비즈니스 상담 상대가 어떤 인물인지도 충분히 고려할 필요가 있다. 예를 들어 내가 처음 사업 상담을 한 제조 파트너 회사의 대표는 몇십 년간 외길 인생을 살아오신 제조 분야의 베테랑이었다. 따라서 첫 만남에서는 언어 사용에 주의했다. 이렇게 사소해 보이는 부분에도 신경 써야 한다.

반대로 만약 상대가 외국계 기업이나 IT 기업 사람이라면, 오히려 내가 일상적으로 사용하는 비즈니스 용어를 사용해 1페이지를 만들어야 상대방 눈에도 잘 들어오고 이해도 쉬울 것이다.

사회 경험이 적은 젊은 사업가나 직장인과 이야기할 때와 경험이 풍부한 베테랑과 만날 때는 내용의 밀도나 표현을 달리해야 한다. 상대에 맞춰 미팅을 진행해야 한다.

또 기업 간 제휴 같은 교섭에서는 양쪽 모두에게 윈윈이 될 수 있음을 초반에 명확히 언급해야 추진 속도가 빨라진다. 상대 기업에 관해서도 기업 중요 사항 등을 미리 공부해서, 이렇게까지 철저히 준비했다는 인상을 확실히 심어주면 교섭 성공에도 큰 영향을 미칠 것이다.

1페이지는 내용에 따라, 상대에 따라, 관계에 따라 다방면으로 생각하고 궁리해서 만들수록 더 큰 효과를 발휘한다. 그리고 경험이 쌓이면 이러한 능력도 자연스레 생길 것이다.

표·차트를 효과적으로 활용한다

정보가 많아질 것 같다면, 표나 차트를 활용한다. 나는 표를 적극적으로 사용하는 편이다. 표는 사고나 정보를 정리할 때 굉장한 힘을 발휘한다. 그런 까닭에 처음부터 적어도 하나는 사용할 요량으로 시작하면 좋다.

표는 결국 어디에 주안점이나 포인트를 두고 있는지가 행과 열의 항목에 드러나서 핵심을 일목요연하게 보여줄 수 있다. 간결하고 명료하게 중요 포인트를 가시화할 수 있다는 점에서 표는 매우 강력한 도구다.

가끔 글자만 빽빽이 적힌 1페이지를 보곤 하는데, 그러면 흡입력이 떨어진다. 강약을 주기 위해서라도 글자만 있는 자료보다는 중간에 표가 하나 정도 있는 편이 이해가 더 잘 된다. 실제로 앞에서 소개한 대부분의 1페이지에 표가 있다. 표를 넣을 때도 그냥 넣지 않고 상대가 보기 편한 모양으로 만든다. 첫 번째 줄은 색을 바꾼다거나(회색 등), 셀 안에서는 원칙적으로 줄 바꾸기를 하지 않거나, 폰트는 조금 작게 해서 여백을 확보한다거나 하는 식이다.

또 표는 자료를 보는 상대와 함께 그 자리에서 바로 수정하거나 입력을 할 수 있다는 이점도 있다. 여기저기 화제가 튀는 일 없이, 중요 사항을 영역별로 같이 확인할 수 있다.

손으로 쓰면서 뼈대를 만들 때 무엇을 표로 만들지, 만들 수는 있는지 생각하기도 한다. 또 뼈대 만들기 마지막 단계에서 역시 이 부분을 표로 만들어야 한다고 판단해 수정할 때도 있다.

P&G 시절, 상사가 "표는 사고를 정리하는 최적의 도구다."라고 조언한 적이 있다. 정보나 아이디어를 어떤 항목·관점으로 정리할지 생각하는 과정은, 자신의 머릿속을 정리하는 과정과 다름없다는 것을 가르쳐 주고 싶었으리라. 이 사고방식은 1페이지에도 그대로 적용된다. 특히 전달할 내용이 많다면, 상대의 이해를 도울 목적도 있겠지만, 내 생각을 가다듬기 위해서라도 표를 적극적으로 활용하라고 권하고 싶다.

일단 멈춰서 청중을 생각한다

손으로 쓰면서 초안을 잡을 때, 일단 멈추고 생각하기도 한다. 미팅이나 비즈니스 상담에 참가하는 청중을 떠올리는 것이다.

가령 예전에 만난 적이 있는 상대라면, 이전에 나눴던 대화 내용을 돌이켜본다. 받은 자료나 제안 서류 등이 있을 때는 다시 찾아서 읽어보기도 한다.

모두가 그렇겠지만, 누가 어떤 의견을 말하면 해석은 둘로 나

된다. 긍정적인 반응이 나올 수도, 부정적인 반응이 나올 수도 있다. 그런데 내가 원하는 쪽으로 대답을 유도하는 강력한 커뮤니케이션이 가능할 때도 있다. 예를 들어 바로 이런 때다.

"지난번에 이렇게 말씀하셨어요. 저도 기본적으로는 같은 생각이지만, 더 확장할 수도 있을 것 같아요."

상대의 예전 발언을 그대로 받아서 거기에 관련지어 말하면, 제로 상태에서 무언가를 말할 때보다 상대가 의견에 동조할 확률이 훨씬 높다. 또는 상대가 예전에 제안한 내용 일부를 참고 자료로 넣어 둔다. 그러고서 "전에 해 주신 제안을 상기하면서 오늘 회의를 준비했습니다."라고 말하면, 상대는 과거에 제안한 내용을 기억하고 있다는 성의에 감탄할지도 모른다.

상대와 처음 만나는 자리라도 할 수 있는 일은 있다. 예를 들면 미디어의 인터뷰 기사를 읽어 둔다거나 회사 웹사이트를 본다거나 IR(기업 설명–옮긴이) 자료를 읽는 방법 등이다. 아니면 SNS를 체크해 둘 수도 있다.

회사에 관해 조사한 후 이해한 내용을 간단히 정리해서 상대의 확인을 받거나, 웹사이트에서 몇 가지 이미지를 이용하는 방법은 때에 따라 매우 효과적이다. 1페이지가 아닌 파워포인트 슬라이드로 제안할 때이긴 하나, 실제로 '미팅 목적' 후에 상대사 웹사이트에서 대여섯 장의 사진을 인용하며 이렇게 말한 적이 있다.

"구석구석 살펴보지는 못했지만 귀사의 웹사이트를 보고 귀사가 무엇에 심혈을 기울이고 있는지 이해했습니다. 그렇다면 우리는 이런 윈윈이 성립하지 않을까, 하는 가설을 가지고 오늘 이 자리에 왔습니다. 의미있는 토론이 되리라 기대합니다."

만나는 상대가 어떤 사람인지 미리 조금이라도 알아보려고 하는 태도는 내 인상을 크게 바꾼다. 성의를 온전히 보여줄 수 있는 것이다. "저희 사이트를 미리 보고 정리까지 해서 발표하는 프레젠테이션은 처음입니다."라는 말도 여러 번 들었다.

자료에 내가 하고 싶은 말만, 내가 원하는 내용만 담겨 있으면 이런 피드백은 받을 수 없다. 예행 연습하듯 상대를 생생하게 떠올리며 상상할 수 있다면, 영향력이 큰 커뮤니케이션을 할 수 있다는 보여주는 사례다.

CHAPTER 2

컴퓨터로 1페이지를 만들 때의 규칙

한 줄로 정리하고 되도록 두 줄을 넘지 않는다.

손으로 쓰며 대강의 틀을 잡았다면 이제 드디어 컴퓨터로 1페이지를 만들 차례다. 손으로 만든 틀은 어디까지나 메모고 70% 정도만 완성된 이미지다. 메모한 내용을 실제 1페이지 종이로 옮길 때 주의할 점이 있다.

첫 번째는 되도록 두 줄이 넘지 않게, 한 문장은 한 줄로 요약해야 한다. 중요한 포인트를 뽑았다 하더라도 그 포인트에 관한 설명이 장황하면 1페이지의 효과는 반감된다. 군더더기 없이 핵심만

(토의) 2023년 제안

- 목표: 2023년 중도채용 인원 목표=24명(*질적인 면도 당연히 타협 없음)
- 접근 방법:
    - 모집 시의 'QUANTITY&QUALITY' 높이기
        - 중도채용 모집 중이라는 사실 자체가 알려져 있지 않으므로 타깃층에 알린다.
        - 인재 소개 에이전시에 재차 브리핑해서 응모자의 질과 양 모두를 높인다.
    - 선발 시의 'BIGGER&FEWER' 추진
        - 워크숍 회당 참가 인원을 현재의 10명에서 30~50명 정도로 늘린다.
        - 워크숍 빈도를 매월에서 격월로 변경해 휴일에 출근하는 사원의 부담을 줄인다.

세부 사항일수록 왼쪽 공간을 비운다.

있는 깔끔한 커뮤니케이션을 하기 위해서라도 되도록 한 줄로 정리하도록 최선을 다한다. '반드시 한 줄'이라고 스스로 규칙을 정해 두면, 구조를 생각하거나 단어를 선택할 때 더 고민하게 된다.

물론 처음부터 한 줄로 척척 정리할 수는 없다. 우선은 큰 틀 안에서 '목적' '배경' '토의 포인트' '넥스트 스텝' 등 기본 항목을 중심으로 대강 적어본다. 그러고 나서 각 항목 문장 첫 머리에 '●' 마크를 넣고 한 줄로 다듬어 간다. '●'를 세로로 몇 개 쭉 넣고 정보를 간단히 정리할 때도 있고, 하위 개념으로 '●'나 '▶' 등이 마크를 사용해 2단 구조로 할 때도 있다. 항목별로 넣을 내용 중 키워드가 겹치는 것은 하나로 합친다. 또는 아예 질문으로 만들어 그 답을 적는다.

이때는 배치를 의식해 구조가 한눈에 들어오도록 한다. 큰 테마는 지면 왼쪽에, 더 세세한 내용은 공간을 비우고 지면 오른쪽으로 치우치게 배치한다. 정보의 크기에 맞춰 지면의 폭을 충분히 사용하고, 배치할 장소에도 강약을 준다. 이렇게 하면 글자만 가득해 보이는 인상을 없앨 수 있다.

또 항목별로 무엇을 원하는지, 즉 '보고'인지 '상담'인지 '합의'인지를 오른쪽에 표시하는 방법도 효과적이다. 자료를 읽는 사람의 입장에서 무엇을 요구하는지 바로 알 수 있기 때문이다.

마지막으로 중요한 점은, 각 파트가 차지하는 지면 크기가 되도록 할애 시간과 비례하도록 만드는 것이다. 그러면 어느 파트에 얼마큼의 시간을 충당해야 하는지 직감적으로 가늠이 되기 때문에 양쪽 모두가 미팅의 전반적인 상을 공유할 수 있다.

어떻게 하면 보기 편할지 끝까지 궁리한다

1페이지의 레이아웃을 정할 때는 깔끔한 모양이 되도록 온 신경을 집중한다. 예를 들면 눈에 잘 들어오는 서식의 특징 중 하나가 항목 부분의 밑바탕은 검은색, 글씨는 하얀색으로 하는 것이다. 그러면 자료를 건네 받았을 때 항목에 제일 먼저 눈이 간다.

사업 관련

- 9월 비즈니스 결산 (보고)
  - 전체: 목표대로 나아가고 있음
  - 숫자: 매출 10억 엔(전년 대비 105%, vs. 목표 101%), 점유율 7.5%(vs. 지난달 +0.2포인트)
  - 기타: 가을 신제품의 매장 진열율 및 판매율 모두 예상대로임, 10월부터 TV 광고 개시
- 10월 비즈니스 전망 (보고)
  - 착지점 예상: 매출=13억 엔(전년 대비 110%, vs. 목표 103%)
  - 플러스 요인: 판매 호조로 점내 진열 공간 확대, TV 광고로 인한 판매 가속
  - 위험 요인: 경쟁으로 인한 가격 인하 가능성
  - 액션: 최고 주력 소매점 Top5와 상담→4사분기 확실한 달성을 목표로 계획 합의
- 경영 회의에서의 3사분기 평가 (상담)
  - 날짜: 10월 15일 15:00~15:30
  - 의제: 비즈니스 개황, 향후 신제품 계획
  - 메시지: '사업 호조+내년 봄에 대형 신제품이 있으니 영업 우선도를 Tier1으로 올렸으면 좋겠다'

  Help Needed: 위 메시지를 강화하기 위한 조언이 있으면 부탁합니다.
- 내년 봄 신규 캠페인 (합의)
  - 배경: TV 광고 방영 전 테스트 실시, 기준치를 크게 웃도는 전체 수치, 브랜드 인지도 낮음
  - 제안: 처음과 끝의 브랜드 로고 노출을 강화한 뒤 Fix하고 싶다.

  Help Needed: 위와 같이 진행해도 좋은지 의견 부탁합니다.(OK라면 최종 편집으로 넘어가겠습니다.)

'보고'인지 '상담'인지 '합의'인지, 오른쪽에 하이라이트로 표시한다.

'비즈니스 배경' '목적·목표' '의뢰 사항'을 확인하면 오늘 미팅이나 상담의 전체적인 모습이 그려진다.

또 각 포인트에 글머리표 '●'을 넣는다. 항목별로 몇 개의 '●'(정보 덩어리)가 있는지도 한눈에 바로 파악할 수 있다.

나아가 정보의 구조를 바로 파악할 수 있게끔 한다. 앞에서도 조금 다뤘는데, 공간이나 배치를 궁리해서 강약을 준다. 세부적인 정보는 'ㅇ'를 붙여서 포인트를 열거한다. 결코 화려하거나 장식적이지는 않지만, 읽는 사람이 보고 바로 이해할 수 있느냐가 가장 중요하다.

나는 워드나 구글닥스를 사용하는데, 글자 크기가 너무 작으면 보기 힘들다. 기본적으로 10포인트가 가장 적당하고 표 등 차트에서는 9포인트로 한다. 타이틀은 12포인트를 쓰지만, 이 밖에는 표를 제외하고 모두 같은 크기로 한다. 항목도 배경과 글자색을 바꿨을 뿐 크기는 똑같다. 글자 크기가 들쭉날쭉하지 않아야 읽기 편하고 깔끔해 보인다.

또 3장의 예시들을 보며 표에 따라 여백이나 행간이 조금씩 다른 걸 눈치챘을지도 모르겠다. 의도적으로 여백과 행간을 조정할 때도 있다. 깔끔하게 보이고 싶은데 내용도 원하는 만큼 넣고 싶을 때는 여백이나 행간을 직접 설정해서 지면을 넓게 사용한다. 그러면 가독성을 유지하면서 원하는 만큼의 정보도 넣을 수 있다. 물론 여백 조정을 하지 않아도 정보가 충분히 들어간다면 문제없지만, 줄 수를 좀 더 늘리고 싶을 때는 미세한 부분도 조정한다.

강약을 주거나, 특정 단어를 강조하고 싶을 때는 노란색으로 하이라이트를 넣거나, 글자색을 빨간색 또는 파란색으로 한다. '하이라이트만 봐도 중요 포인트가 전달되도록 한다'는 내가 정한 규칙이기도 하다.

또 온라인 미팅에서 자료를 함께 보면서 그 자리에서 추가로 기입할 때는 질문은 빨간색, 회의 중에 나온 코멘트나 토의 내용은 파란색으로 쓰는 등 나중에 봤을 때 바로 알 수 있도록 대부분 색을 바꾼다.

나는 특별히 디자인 공부를 하지는 않았다. 다만 내 안에 어

업계 1위 달성 계획

2022년 7월 1일

비즈니스 배경

- 브랜드A는 올해 신상품 출시 이후 매출·금액 점유율 모두 상승세를 유지하고 있다.
- 한편 현재 업계 1위인 경쟁 브랜드B가 대대적인 신상품 출시를 예정하고 있어 반격이 예상된다.
- 내년에 대형 신상품 출시 예정이 없는 가운데 업계 1위를 달성하려면 강력한 커뮤니케이션 도구를 개발해야 한다.

목적·목표

- 비즈니스 시점: 내년 6월 말까지 점유율 1위 브랜드 달성
- 소비자 시점: 브랜드A는 '성능이 압도적이다'라는 인식

의뢰 사항

- 새로운 커뮤니케이션 아이디어, 핵심 비주얼, TV 광고, 디지털 콘텐츠 개발
- (참고) 송출 예정 미디어
  - TV 광고 15초(전국 주요 방송국)2023년 3월 방송
  - 주요 디지털 매체2023년 2월 말(TV 광고 전 화제 모으기용으로 투하)

항목 부분은 밑바탕은 검은색, 글자는 흰색

떻게 만들면 간결하고 보기 편한지에 대한 감각은 기르려고 노력했다. 그리고 어차피 같은 내용이라면, 보는 사람은 이리저리 뒤섞여 보기 힘든 자료보다는 깔끔하게 잘 정리된 자료를 원한다. 물론 그러한 자료가 더 긍정적인 평가를 받을 확률이 높다.

긍정적인 평가는 긍정적인 방향으로 나아가는 큰 원동력이 된다. 자신의 감각과 센스를 소중히 여기는 자세는 대인 커뮤니케이션에서 매우 유효하다고 믿는다.

필요하다면 상사용 1페이지도 만든다

한 회사의 대표가 된 지금은 어느 정도 다양한 경영 판단이 가능하지만, 창업 전에는 20년 가까이 회사원으로 일했다. 모두가 알다시피 조직에서 일할 때는 어떤 행동을 하기 전에 관련 부서를 고려해야 할 때도 있고, 상사 승인을 받아야 할 때도 있다.

고객과의 미팅에서 1페이지를 사용해 전략이나 계획을 제안할 때, 해당 담당자는 고객에게 어떤 내용을 제안하는지 사내에서 확인을 받거나 조율해야 한다.

또 여러 부서의 지원을 받아야 전략이나 계획을 실행할 수 있을 때도 많다. 따라서 1페이지를 사용해 비즈니스 전략이나 계획을 짤 때는 어떤 내용을 넣을지 피드백을 받으며 작성해야 한다.

페이스북 시절에도 그랬다. 일본에서의 회사 목표나 전략을 정하고 이를 실현·실행하기 위해서는 영업팀이 노력해 줘야 하는 부분도 있었고, 마케팅팀의 지원도 필요했다. 효과 검증팀도 관여해야 하고, 조직 주변의 일이라면 인사팀의 도움도 받아야 한다.

이른바 '그림의 떡'이 되지 않도록, 철저히 실행해서 성과를 내기 위해서는 각 부서의 적극적인 협력이 필요했다. 그렇기 때문에 각 부서의 리더와 단둘이 이야기하거나 1페이지를 보여주고 설명하면서 솔직한 피드백이나 추가 아이디어를 받은 다음에 1페이지 최종판을 완성했다.

어려운 점은 비즈니스 상담을 앞두고 상사에게 미리 보여줘야 할 때다. 만약 상사가 검토한 후 반대 의견을 낸다면, 거기서 모든 일이 중지된다.

만약 상사의 승인 없이는 진행되지 않아 반드시 먼저 보여줘야 한다면, 고객을 위한 1페이지와 별개로 상사를 위한 간단한 승인용 1페이지를 만드는 게 좋을 때도 있다. 그렇게 하지 않고 고객용 1페이지만 만들었다가 행여나 상사의 생각과 다르기라도 하면 바로 브레이크가 걸린다.

물론 상사의 확인은 중요하다. 그렇지만 보여주는 것으로 끝나는 것은 아니다. 중요한 것은 여기서도 철저히 눈높이를 맞추는 작업이다. 고객의 의뢰라면 의뢰 내용, 과거 경위, 지금까지 주고받은 내용을 포함해 상사가 판단하는 데 필요하다고 여겨지는 정보를 '배경'으로 전달한 다음에 확인을 받는 게 좋다.

1페이지는 청중과 목적에 따라 보여줄 내용이 달라진다. 고객을 위해 넣어야 할 정보와 상사를 위해 넣어야 할 정보가 다르다. 상사에게는 고객이 원하는 것과는 다른 정보가 필요하다. 고객이 원하는 것과 상사가 원하는 것을 나눠서 1페이지를 만들어야 할 때도 있다는 뜻이다. 물론 정기적으로 일대일 미팅 등이 있다면 미팅 주제로 정해서 이야기하는 게 효율적이다.

상사에게 보이면 대부분 피드백을 받는다. 그러면 반영해야 한다. 보여주고 끝이 아니다. 조언만 받고 아무것도 하지 않는 일은 있을 수 없다.

따라서 상사의 지지가 반드시 필요하다면, 가끔은 고객에게 제안할 내용을 확인받기 위한 1페이지를 따로 만들 필요도 있다.

반대로 용감하게 보여주지 않는 선택지도 있다. 그리고 결과로 보여준다. 아니면 정말 간략하게 정리한 1페이지를 만들어 보고한다. 어느 쪽이 됐든 관례니까 어쩔 수 없이 한다는 안이한 생각만은 금물이다. 아무 준비 없이 확인받으러 가서 후회하는 일이 없도록 어느 정도 생각한 다음에 임해야 할 것이다.

CHAPTER 3

실제 상황을 상상하며 작성한다

반드시 출력해서 체크한다

1페이지가 어느 정도 완성되면 사용 장면을 떠올리면서 다시 훑어본다. 청중의 얼굴을 떠올리고 대화를 주고받는 장면을 상상하거나 실제로 소리를 내서 설명해 보기도 한다.

노란색 하이라이트는 효과적이며 이것만 봐도 중요 포인트가 전달되는지, 빨간색 글자는 적재적소에 사용됐는지, 핵심 사항과 지면이 차지하는 공간의 크기는 일치하는지 등을 검토한다.

그리고 상대방 입장에 서서, 내가 말하려는 내용만 들어가 있지 않은지, 상대가 알고 싶어 하는 내용도 들어가 있는지 등 전체적인 균형을 다시 확인한다.

마지막은 프린터로 종이에 출력해서 최종 체크한다. 사실 출력해 보고 나서야 알아차리는 것도 적지 않다. 컴퓨터 화면에서는 보이지 않았던 오자가 출력하면 보이기도 한다. 또 출력해서 읽어 보다가 '혹시 여기에 이걸 넣으면 더 힘이 들어가지 않을까?' 하는 아이디어가 떠오르기도 한다.

마지막 5% 정도의 소소한 깨달음일 수도 있지만, 종이로 출력해야 비로소 보이는 것들이다. '신은 디테일에 있다'는 말도 있듯이 이러한 세부 포인트가 매우 효과적으로 작용할 때도 있다.

출력할 때는 반드시 컬러로, 미팅 때 상대에게 건넬 자료 '그대로' 출력한다. 나아가 자신이 납득하고 자신감이 생기는 내용인지도 중요하다. 이 모든 게 갖춰졌다면, 드디어 완성이다.

만약 상대도 1페이지를 준비해 왔다면?

참고로 이렇게 1페이지 작성을 권유하는 책이 출간되면, 어쩌면 앞으로는 나도 1페이지를 준비해 갔는데 상대방도 1페이지를 만들어 온 상황이 벌어질지도 모른다. 과거에도 내가 1페이지를 준비해 갔는데 상대방도 회의용 자료를 준비해 온(파워포인트가 많았다) 경우가 몇 차례나 있었다. 이런 경우 나는 양쪽 다 사용한다.

"저도 준비해 왔는데 ○○ 씨도 준비해 오셨군요. 그럼 둘 다 확인해야 테이블 위에 올릴 수 있으니 양쪽 모두 사용합시다. 먼저 어느 쪽부터 갈까요?"

이런 이야기를 서두에 하고 시간을 반씩 나눠서 진행한다. 그러면 의외로 서로 내용이 겹치기도 하는데, 그건 그것대로 긍정적이다. 생각이 일치한다는 뜻이기 때문이다. 나머지는 다음 순서에 초점을 맞추면 된다.

또 만약 내가 준비해 온 1페이지를 내밀기가 약간 껄끄러운 분위기라면, 그냥 제시하지 않는 선택지도 있다. 그 정도는 깨끗이 포기해도 된다. 포기해도 1페이지를 만들기 위해 깊이 생각한 시간과 내용은 틀림없이 무기가 될 것이다.

애당초 목적은 1페이지를 사용하는 것이 아니다. 방향성에 공감대를 형성하거나 진행 절차를 확인하는 등 내가 미리 설정한 미팅의 목적을 달성하는 데에 있다. 가령 사용하지 않는다고 하더라도 틀림없이 당신의 1페이지는 어딘가에서 살아 숨 쉬고 있다.

마치며

1페이지와 함께 개척할 밝은 미래

여기까지 『일 잘하는 사람은 1페이지로 생각합니다』를 읽어 주셨으니, 제가 비즈니스부터 인생에 이르기까지 폭넓은 상황에서 1페이지를 활용해 사고를 예리하게 다듬고 주위 사람을 끌어들이며 여러 과업을 추진해 왔다는 걸 이해하셨으리라 생각합니다.

저는 여러 회사에서 회사원으로 20년 가까이 근무하다가 2019년에 MOON-X라는 회사를 세웠습니다. 그런데 저는 원래 창업과는 전혀 어울리지 않는 사람이었습니다. 사회에 막 첫발을 내딛었을 무렵 창업 따위는 꿈에도 생각하지 못했고, 굳이 따지자면 내 의지로 어떤 일을 추진하기 보다 주위에 휩쓸리는 경향이 강했습니다.

그랬던 제가 진정으로 어떤 인생을 살고 싶은지, 인생의 성공을 어떻게 정의할지, 이를 위해 구체적으로 무엇을 해야 할지 등을 종이 한 장에 써 내려가던 중, 저의 사생관死生觀과 인재 육성에 대한 열정 그리고 비즈니스 업계에서 진검승부를 해보고 싶다는 열망 등 그때까지 희릿하기만 하고 정리되지 않았던 생각들이 점점 또렷해졌습니다. 그리고 그것을 정리한 1페이지가 지금도 제 인생과 경력을 생각하는 원점이 되고 있습니다.

또 지금껏 커리어를 쌓아 오면서 어떤 경험을 했고 어떠한 강점이 생겼는지에 대해서도 썼는데, '브랜드' 'e-commerce(온라인 판매)' '테크롤로지' '제조업' '인재' 등의 키워드가 떠올랐습니다. 그리고 이 단어들의 조합에서 영감을 얻어 떠오른 아이디어를 바탕으로 지금의 회사를 창업하게 됐습니다. 현재 MOON-X가 표방하는 미션, '브랜드와 사람의 발사대가 되자'라는 모토의 원형은 창업 전 커리어를 정리한 1페이지가 바탕이 된 셈이지요.

현재 MOON-X에서는 자사 브랜드 설립뿐 아니라 우리가 '공동 가치 창조형 M&A'라 부르는 우호적 M&A를 통해 일본 전역의 훌륭한 브랜드와 손잡고 하나가 되어 그들이 더 멀리 더 높이 도약하도록 돕는 사업을 전개 중입니다. 더 많은 회사와의 파트너십, 제휴 등도 가속화되리라 생각합니다.

이러한 새로운 도전의 여정 가운데 제휴나 M&A에 대해 이야기하는 자리에서도, 자금 조달을 위한 미팅에서도, 다양한 의사결정을 해야 하는 사내 미팅에서도, 제가 직접 적극적으로 활용하고 주위에도 추천하는 것이 1페이지입니다.

저에게 1페이지와 그 바탕을 이루는 사고법은 성과를 올리는 비즈니스 전투력을 향상시켜 주는 가장 강력한 무기입니다. 그리고 인생과 커리어 문제로 망설일 때마다 다시 돌아가는 원점이기도 합니다. 꼭 많은 분이 이 책을 읽고 1페이지를 사용해 압도적인 성과를 거두며 자신의 인생을 개척했으면 하는 바람입니다.

마지막으로 이 책을 만드는 데 많은 도움을 주신 출판사 다이아몬드사ダイヤモンド社의 가메이 후미오亀井史夫 씨에게 감사를 드립니다. 구성은 북라이터인 우에사카 도오루上阪徹 씨가 도와주셨습니다. 또 책 출간을 응원하고 지원해 준 쓰보사카 라이키坪坂頼樹 씨, 시모무라 유키코下村祐貴子 씨, 구리야마 슈고栗山修伍 씨, 아케타 히로유키明田裕之 씨, 시바타 리사柴田理沙 씨, 다카기 이즈미高木泉 씨, 마쓰오카 고헤이松岡興平 씨, 고하쓰 나나코小波津南々子 씨를 비롯한 MOON-X의 사원 모두, 그리고 여기까지 올 수 있도록 다양한 형태로 지도해 주신 상사, 선배, 동료, 팀원, 비즈니스 파트너 여러분에게도 감사의 말씀을 전합니다.

2022년 9월

하세가와 신

말 잘하는 사람은
1페이지로 생각합니다

1판 1쇄 인쇄 2023년 7월 7일
1판 1쇄 발행 2023년 7월 14일

지은이 하세가와 신
옮긴이 조사연
펴낸이 김기옥

경제경영팀장 모민원
기획 편집 변호이, 박지선
마케팅 박진모
경영지원 고광현, 임민진
제작 김형식

표지 디자인 어나더페이퍼
본문 디자인 푸른나무디자인
인쇄·제본 민언프린텍

펴낸곳 한스미디어(한즈미디어(주))
주소 04037 서울특별시 마포구 양화로11길 13 (서교동, 강원빌딩 5층)
전화 02-707-0337
팩스 02-707-0198
홈페이지 www.hansmedia.com
출판신고번호 제 313-2003-227호
신고일자 2003년 6월 25일

ISBN 979-11-6007-939-5 (03320)

책값은 뒤표지에 있습니다.
잘못 만들어진 책은 구입하신 서점에서 교환해 드립니다.